篮球教学与训练策略研究

柏 勇 ◎ 著

吉林出版集团股份有限公司

版权所有　侵权必究

图书在版编目（CIP）数据

篮球教学与训练策略研究 / 柏勇著. — 长春：吉林出版集团股份有限公司，2023.6
　ISBN 978-7-5731-3514-8

Ⅰ. ①篮… Ⅱ. ①柏… Ⅲ. ①篮球运动－体育教学－教学研究②篮球运动－运动训练－研究 Ⅳ. ①G841.2

中国国家版本馆CIP数据核字（2023）第112041号

篮球教学与训练策略研究
LANQIU JIAOXUE YU XUNLIAN CELÜE YANJIU

著　　者	柏　勇
出版策划	崔文辉
责任编辑	王　妍
封面设计	文　一
出　　版	吉林出版集团股份有限公司
	（长春市福祉大路5788号，邮政编码：130118）
发　　行	吉林出版集团译文图书经营有限公司
	（http://shop34896900.taobao.com）
电　　话	总编办：0431-81629909　营销部：0431-81629880/81629900
印　　刷	廊坊市广阳区九洲印刷厂
开　　本	710mm×1000mm　1/16
字　　数	266千字
印　　张	12.5
版　　次	2023年6月第1版
印　　次	2023年6月第1次印刷
书　　号	ISBN 978-7-5731-3514-8
定　　价	78.00元

如发现印装质量问题，影响阅读，请与印刷厂联系调换。电话010-82751067

前　言

　　篮球运动是一项人们参与度比较高的运动，且深受人们的喜爱。无论是篮球职业联赛还是高校大学生篮球运动的发展，都取得了一定的成绩，尤其是高校篮球运动的发展，为大学生提供了更加丰富多彩的生活。篮球教学作为体育教学的重要内容，在很多方面都发挥着不可忽视的作用：第一，篮球运动为学生提供了锻炼身体的机会，提升了学生的身体素质；第二，篮球运动是一项讲究团体协作的运动，能够培养学生的团队能力，同时培养学生的综合素质。篮球教学的益处明显，因此，很多学校都选择大力发展篮球运动，为那些喜爱篮球运动的学生提供科学的训练方法，在系统教学理论的支持下，在科学训练方法的辅助下，学生篮球运动实现了繁荣发展。

　　基于篮球教学与训练发展的紧迫性以及研究的必要性，笔者在前人研究成果以及自身教学经验的基础上，对篮球教学与训练的策略进行了全面的分析，并将分析的成果凝聚成此书。本书介绍了篮球运动的起源与发展、特点与价值等问题，具体论述了篮球教学与训练的相关问题，如篮球技术教学与训练、篮球战术教学与训练；对篮球运动员体能与心理训练相关问题进行了阐述，围绕篮球运动员的力量训练、速度训练、灵敏训练、投篮的心理训练等内容做了详细的分析；等等。

　　由于时间仓促以及笔者水平有限，书中的诸多观点可能会存在一些不当之处，恳请各位读者批评指正。

目 录

第一章　篮球文化与篮球运动 ... 1
第一节　篮球与篮球文化认知 ... 1
第二节　篮球运动的发展 ... 12
第三节　篮球运动的特点分析 ... 17

第二章　篮球教学与训练基础理论 ... 21
第一节　篮球教学基础理论 ... 21
第二节　篮球教学模式 ... 27
第三节　篮球训练理念与基本原则 ... 30
第四节　篮球训练步骤与方法 ... 41

第三章　篮球运动教学理论与发展 ... 44
第一节　篮球运动教学方法与内容 ... 44
第二节　篮球运动教学模式 ... 51
第三节　篮球运动教学发展对策与趋势 ... 57

第四章　篮球技术的教学与训练 ... 66
第一节　篮球移动技术教学与训练 ... 66
第二节　篮球传、接球技术教学与训练 ... 73
第三节　篮球投篮技术教学与训练 ... 82
第四节　篮球运球技术教学与训练 ... 86

第五章　篮球战术的教学与训练 ... 88
第一节　篮球战术教学的特点与实践方法 ... 88

第二节　篮球防守战术教学与训练……92
　　第三节　篮球进攻战术教学与训练……99

第六章　篮球运动技术战术实践应用……113
　　第一节　篮球运动技术的教学理论与实践应用……113
　　第二节　篮球运动战术的教学应用与创新……120
　　第三节　篮球运动组合技术的理论与实训应用……125

第七章　篮球运动员的心理训练……131
　　第一节　篮球运动员的动机培养……131
　　第二节　篮球运动员的注意力训练……136
　　第三节　投篮的心理训练……141
　　第四节　防守的心理训练……146

第八章　篮球运动创新教学与训练研究……151
　　第一节　慕课在篮球教学与训练中的应用……151
　　第二节　多媒体技术在篮球教学与训练中的应用……154
　　第三节　分层次教学在篮球教学与训练中的应用……157

第九章　篮球教学与训练的重要保障……165
　　第一节　加强运动员篮球意识……165
　　第二节　篮球队实施科学化管理……172
　　第三节　教练员进行科学化岗位培训……179

参考文献……182

第一章　篮球文化与篮球运动

随着体育事业的蓬勃发展以及体育文化的不断完善，篮球运动也在发生着改变。本章对篮球与篮球文化认知、篮球运动的起源与发展、篮球运动的特点分析三个方面进行了阐述。

第一节　篮球与篮球文化认知

一、篮球运动的认知

（一）篮球运动的起源

篮球运动的产生是社会发展和人们生活的需要。19世纪中期以后，欧洲产业革命不断发展，带动了劳动技术的不断创新，生产力得到了前所未有的提高，这将人们从繁重的生产劳动的束缚中解放出来，因此，人们获得了充足的闲暇时间。为了度过日益增多的闲暇时间，人们呼唤着新的生活方式的产生，于是渴望并追求新的生活方式成为时代发展的潮流。这种情况引起了一些有远见卓识的教育家、社会活动家的广泛关注和热心支持，他们发明了许多属于现代体育活动范畴的健康文明的各种活动性游戏。在这种情况下，篮球运动应运而生了。

篮球运动是由美国马塞诸塞州斯普林菲尔德学院体育教师詹姆斯·奈史密斯博士发明创造的。1891年，美国的气候非常寒冷，非常流行的棒球运动无法开展，学生对室内古典体操没有兴趣，因此急需一项适合在室内进行的体育活动。为了提高学生的兴趣，詹姆斯·奈史密斯进行了诸多设想——将橄榄球、足球等搬进室内，由于场地限制或其他原因，均告失败。1891年12月，詹姆斯·奈史密斯受到工人和儿童向桃篮内做投准的游戏的启发，并综合了橄榄球、曲棍球、足球等游戏的特点，设计了以投掷准确性程度来计分并决定胜负的游戏，史密斯为之取名为"篮球"。篮球游戏最初是在健身房两端的栏杆上各捆绑一只桃篮，距离地面3.05米，用足球作为比赛工具，向桃篮投掷，投球入桃篮得1分，投多者为胜。因为每次投球进篮后都需要爬梯子将球取出才能重新开始比赛，比赛非常麻烦，所以后来将篮底剪开，逐渐发展成现在使用的球篮。1891年12月25日圣诞节前夜，詹姆斯·奈史密斯博士亲自主持了近代篮球运动史上的第一场比赛。由于这项活动竞争激烈、趣味性强、容易掌握，受到了人们尤其是年轻人的喜爱。经过不断的发展，篮球运动已在世界范围内展开，并逐渐深入到人们的生活中。

最初参加游戏的人数不限，只是将参加的人数分为两队。比赛开始时，双方队员分别站在两端线外，裁判员鸣哨后将球掷向场中，双方队员跑向球场中间抢球进行比赛，比赛的时间也没有规定。后来逐步规定人数为10人、9人、7人，直到1893年才规定为5人。奈史密斯博士还在1892年制定了简单的13条规则，其中大部分规则主要是限制抱球跑和抢球时的粗野动作，以及不准用拳击球。比赛时间规定为上下两个半时，每半时为15分钟，中间休息6分钟，场地的大小和画线也相应地进行了改进。

（二）女子篮球运动的发端和发展

女子篮球运动起源于1892年美国的春田学院。1893年3月，春田学院的学生队与女教师进行了一场篮球游戏比赛，从此，女子篮球运动便开展起来。最早的女子篮球比赛是在1895年举行的，其场地划分为3个区（前、中、后），上场参加比赛的人数为每队9人，每区3人，不准越区攻防。在比赛时间的划分上，女子比赛也与男子比赛不同，女子比赛分4期，8分钟为一期，第1期与第2期之间休息1分钟，第2期与第3期之间休息10分钟。由于女子篮球采用的规则与男子的不同，加上女子的身体条件、训练水平、社会地位等诸多因素的影响，女子篮球运动最初的发展比起那时的男子篮球运动要缓慢得多。

女子篮球运动在经历了一段缓慢的发展过程后，直到1948年才与男子篮球运动使用同一规则。比赛规则的正式统一使女子篮球运动得到了迅速的发展。1953年3月7日至22日，国际业余篮球联合会在智利的圣地亚哥举办了第一届女子篮球锦标赛，美国获得冠军。1976年7月17日至8月1日，在加拿大蒙特利尔举行的第21届奥运会上，女子篮球运动被正式列入奥运会比赛项目，女子篮球运动开始了快速发展的新时代。为了进一步推动女子篮球运动的发展，国际篮联于1985年8月13日至8月21日，在美国奥林匹克训练中心——可罗拉多州斯普林斯成功举办了第一届世界青年女子篮球锦标赛，这是最高水平的青年女子篮球锦标赛，参赛队为各大洲的青年女子冠军队、主办国特邀队和东道主队，运动员均为20岁以下的青少年女子。从此，这项赛事每四年举办一届。

此后，由于国际篮联对女子篮球运动发展的重视，加上女篮锦标赛、奥运会女篮的比赛、青年女子篮球锦标赛等高水平赛事的频繁举办，世界各大洲和地区的女子篮球运动呈现出蓬勃发展的态势。亚洲篮球联合会于1963年成立。1965年，韩国举办了第一届亚洲女子篮球锦标赛，从此，这项赛事每两年举行一次，有力地推动了亚洲女子篮球运动的发展。非洲篮球联合会于1966年开始举办非洲女子篮球锦标赛，每两年举办一届，其中塞内加尔、埃及、扎伊尔和马达加斯加获得过冠军。美洲从1970年开始每四年举办一次泛美青年女子锦标赛，泛美篮球联合会于1977年开始举办不定期的泛美女子篮球锦标赛。南美洲篮球联合会于1946年开始每两年举行一届南美洲女子篮球锦标赛，从20世纪80年代开始又举办南美洲女子俱乐部冠军联赛。中美洲地区从20世纪50年代开始举办每两年一届的中美洲女子俱乐部冠军队锦标赛。这些比赛的举行，活跃了美洲女子篮球运动，推动了美洲女子篮球运动的发展。

欧洲常设委员会从1938年就开始了每两年一届的欧洲女子篮球锦标赛，这项比赛曾允许个别亚洲国家参加。此外，欧洲常设委员会还举办了欧洲少年女子篮球锦标赛和欧洲青年女子篮球锦标赛。

大洋洲也于1974年开始不定期地举办大洋洲女子篮球锦标赛，但参赛队伍仅为澳大利亚和新西兰，澳大利亚多为冠军。世界性高水平赛事的定期举办及洲际性比赛的频繁举行，使得女子篮球运动在发展规模、速度、技术等方面取得了长足的进步，逐渐成为世界篮球运动的重要组成部分，它对篮球运动在世界范围内的开展与普及起到了巨大的推动作用。

（三）篮球运动的重要作用

1. 健身作用

（1）篮球运动对身体形态和机能的作用

首先，篮球运动对身体形态有着重要的作用。

人们进行适宜的篮球运动锻炼，使骨骼承受一定负荷的刺激，能够促进血液循环，改善骨骼的营养供给，加快骺软骨的增生和骨化增长，从而促进骨骼的生长发育；经常参加篮球运动，采用较低和中等强度的运动负荷，对于发育中的骨骼，可明显促进其骨密质的形成；篮球运动对骨松质的作用也是篮球运动对骨骼作用的体现。大量研究表明，篮球锻炼使骨小梁新骨形成增加，骨小梁排列更有序化。

篮球运动对人体的身体状态有着重要的作用还体现在篮球运动对肌肉的作用上。骨骼肌是实现人体运动的器官，科学的体育锻炼可使骨骼肌的形态、结构及功能发生一系列适应性变化，具体表现包括：篮球运动能够使肌肉体积增加；篮球运动可以促使肌腱和韧带中的细胞增生，也可使肌外膜、肌束膜和肌内膜增厚，肌肉变得结实，抗牵拉强度提高，从而增强肌肉抗断能力；作为一项集力量、爆发力、耐力、速度、灵敏性和柔韧性于一体的运动项目，篮球运动可使肌纤维得到最大限度的发展，而且快肌纤维增粗明显。篮球运动还可以增强肌肉收缩能力，篮球运动通过改善和提高肌群的协调性，使肌肉收缩能以最有效、最经济的方式来完成某一动作，肌肉收缩的效率得到充分发挥。另外，经常参加篮球运动，一方面会使肌肉中的线粒体数量增多，体积增大，肌肉有氧氧化生成ATP（三磷酸腺苷酶）的能力增加；另一方面会使肌糖原含量增多，增加肌肉内能源储备，可以延缓运动性疲劳的产生，有利于肌肉进行紧张持久的工作。此外，篮球运动对身体成分的作用也是篮球运动对身体形态作用的体现。

其次，篮球运动对心血管系统机能有着重要的作用。篮球运动是时间较长、强度较大的运动项目，能够增强人们的心肌收缩力。进行篮球运动时，肌肉活动需要消耗大量的氧气和营养物质，同时产生较多的二氧化碳等代谢产物，血液循环加快使心肌增厚、心腔扩大。篮球运动还有利于静脉血液回流，使心脏舒张末期的容积增加，这些都是篮球运动对参与者心脏泵血功能的作用。经常参加篮球运动，动脉血管壁的中膜增厚，平滑肌和弹性纤维增多，大动脉的弹性纤维增长占优势，中等动脉的平滑肌细胞增长占优势，同时使心脏周围毛细血管的数量增加，心室肌毛细血管密度增大，冠状动脉增粗，有利于心肌的血液供应和对氧的利用。作为一种运动，它使血氧饱和度增高，肌红蛋白和机体内含氧量增加，这都体现了篮球运动对锻炼者血液循环系统功能的作用。篮球运动还对微循环系统有着重要作用。运动时，肌肉中的代谢产物增多，促使真毛细血管开放增多，有利于肌肉获得更多的氧，以适应代谢的需要。

最后，篮球运动对呼吸系统机能有着重要的作用。经常参加篮球运动，能使呼吸肌得到发展、胸围加大、呼吸深度加深、肺和胸廓弹性增强、安静时呼吸次数降低、肺活量增大。经常参加篮球运动的人，肺活量明显增加，有氧运动能力有显著提高，这说明篮球运动对改善机体的生理机能有积极的影响。篮球运动可使安静时呼吸深度增加，而呼吸频率下降，肺泡通气量和气体交换率加大，即肺通气更有效。人体通过呼吸系统摄取到氧气，还要通过心血管系统把氧输送到组织器官。经常参加篮球运动还可以使肌肉中的毛细血管增加，线粒体数目增多和体积增大，促进静脉血液回流和有氧氧化酶的活性增加，并可提高肌红蛋白含量和最大吸氧量。

（2）篮球运动对身体健康素质的意义

首先，篮球运动对有氧代谢能力有着重要的作用。篮球运动可以提高有氧代谢能力。现代篮球比赛中的运动负荷为高密度、大强度。由于比赛中经常出现犯规、暂停、换人、球出界等情况中断比赛，运动员可以利用这些时间获得短暂的休整，所以在比赛中大部分时间都是以有氧代谢供能为主。作为普通人参加篮球运动或篮球比赛，运动强度要大大小于专业篮球运动员，其有氧代谢提供的能量比例更大。因此，经常参加篮球运动可以有效提高肺泡通气量，提高呼吸效率，改善心血管机能，促进组织器官中氧化酶活性升高，增强利用氧的能力。

其次，篮球运动对肌肉力量有着重要的作用。篮球运动可以使肌纤维增粗，从而增加肌肉力量。参加篮球运动，运动者的红肌纤维增粗，合成 ATP 能力也得到增强，肌肉持续工作时间延长，从而增强肌肉耐力。

（3）篮球运动对身体运动素质的作用

首先，篮球运动对速度和爆发力素质有着重要的作用。篮球运动对速度素质的作用主要体现在提高反应速度和加快位移速度上。篮球运动中，在看到进攻队员传球或投篮时，需要非常迅速、准确地做出判断，并同时做出相应的技术动作，这就是良好的反应速度。经常参加篮球运动可以提高感受器的敏感程度，感受器越敏感，越能缩短对各种信号刺激的感受，优化传导途径，提高中枢神经系统的兴奋性，使反应时间缩短。篮球运动员的攻防转换、运球上篮的速度、长传快攻上篮的跑动速度等，可使神经兴奋与抑制过程灵活性提高、转换能力增强、人体两脚交换频率增快，位移速度加快。篮球运动对爆发力素质的影响主要体现在加快起动速度和提高弹跳能力上。篮球运动员通过各种快速、灵活、突变的脚部动作，在全身协调配合下，使身体的位置、方向和速度发生变化，并运用基本技术，才可更好地达到进攻时摆脱防守，防守时防住对手，以争取攻、守主动的目的。因此，经常参加篮球锻炼可以提高起动速度。现代篮球运动争夺高空优势尤为重要，因而运动员在瞬间的变化中通过合理的技术争夺篮板球、抢断、封盖等，都需要具备良好的弹跳力。实践证明，经常参加篮球运动能提高弹跳能力。

其次，篮球运动对力量和弹跳力素质有着重要的作用。篮球运动员在比赛和训练中经常进行跑、跳、投、争抢篮板球和防守等动作，为了使自己跑得快、跳得高，运动员需要充分利用大肌群力量，通过腿、臂、肩、背、腰，以及整个躯干的各肌群有机地协调配合，才会产生最佳的做功效果。因此，经常参加篮球运动可以提高力量素质。在篮球比赛中，运动员为了更好地完成各项任务，弹跳力成为不可缺少的一种素质。队员为了适应比赛的需要，必须具备连续跳的能力，不断提高弹跳力素质。经过不断的弹跳，参与者的弹跳力素质得到提高。

再次，篮球运动对耐力素质有着重要的作用。经常参加篮球运动可以提高速度耐力素质，发展一般耐力素质。篮球比赛是一项长时间，高、中、低强度重复交替进行的非周期性运动项目，运动员需要有长时间反复进行短距离、高强度运动的能力。所以，经常参加篮球运动，能提高速度耐力素质，能使机体有氧氧化能力提高，血乳酸清除能力加快，同时大脑对血乳酸的耐受力得到提高。实践证明，经常参加篮球运动，有利于发展一般耐力素质。

最后，篮球运动对身体柔韧性有着重要的作用。柔韧性素质是指人体关节活动幅度的大小，以及肌肉、皮肤及其他组织的弹性和伸展能力。篮球运动可以改善参与者的身体柔韧性。篮球运动中的跑、跳、投、传每一个动作，都需要全身的参与。运动员在场上的位置不同，对全身各关节柔韧性的要求也不同。因此，全身各关节的柔韧性在每一个动作中都有具体作用，哪一个部位的不协调都会影响技术动作的发挥。所以，经常参加篮球运动可以改善身体的柔韧性。

2. 健心作用

篮球运动有助于情商的培养。情商是一种非智力因素，通常表现为协作配合能力、处理人际关系的能力、组织管理能力、解决问题的能力以及承受挫折的能力等。情商作为一种非智力因素，对参与者的学习、工作、生活以及事业的成功都很重要。篮球运动有明显的对抗性、集体性和统一性规律，参加篮球运动，可以培养参与者充沛的体力和精力、良好的心理承受能力、公平的竞争意识、广泛的社会交往能力，以较高的情商去应对学习和生活中的困难；可以培养团结拼搏、乐于奉献、积极向上的优良品质。在篮球规则的约束下，有利于形成文明的行为方式和良好的体育道德风尚。在篮球竞赛过程中，有利于培养克服困难、善于创新的精神，有利于培养科学、文明、健康的生活态度。

篮球运动有助于提高健康幸福感。健康幸福感也称心理自我良好感，是指与积极参加身体锻炼有关的某种兴奋、自信和自尊的情绪和态度体验。积极参加体育锻炼者比不运动者的自我感受和评价更积极，这主要是由于锻炼身体产生了内心愉快和乐趣。锻炼身体对健康幸福感产生积极影响的原因有生理的、心理的和社会的，也可能是三者综合作用的结果。在篮球运动中，当一个技术或战术运用成功或者取得比赛胜利后，个体会以自我欣赏的方式传递其成就信息于大脑，体验成就效应，从而产生自我成就的认识和情感体验，产生愉快、振奋和健康幸福感。

篮球运动有助于减轻焦虑和抑郁症状。焦虑是一种对当前或预计的威胁所反映出的恐惧和不安的情绪状态。与紧张、焦虑等消极情绪相比，抑郁属更深层的复合性负情绪，它可能是伴随人生价值的失落感而产生的悲伤、恐惧、焦虑及羞愧甚至负罪感，其持续时间更长，给人带来的痛苦更大。在篮球运动过程中，人们通过自然的相互交流，会产生相互信任、相互鼓励。参加篮球运动，不仅可以增进快乐、调节情绪、振奋精神，这种积极的情绪状态还可以使人自信、自尊、自豪、自强，并使烦恼、焦虑、抑郁、自卑等不良情绪得以消解。所以，长期参加篮球运动，对于那些神经衰弱等精神疾病患者来说，具有一定的改善作用。

篮球运动有助于塑造健全的人格精神。人格精神即指包括气质、能力、性格和理想、信念、动机、兴趣、人生观等各方面能够得到协调与平衡发展，人格作为人的整体的精神面貌能够完整、协调、和谐地表现出来。篮球运动从宏观上看是群体的竞争，从微观上看又是群体中个体之间的身体冲突和技巧智能的直接对抗。篮球运动中的每一个环节，都要求个体在充分发挥自身特点和水平的基础上，构成整体实力，或者说群体的默契配合依赖于个体的技巧和智能的充分发挥。篮球运动复杂多变，每一个瞬间都要求个体必须做出正确的观察判断，独立果断地选择个人战术行动。篮球比赛中，运动员运用技、战术的时机很重要，个体失误的累加往往会影响局势的发展。篮球运动的这种特点表明，艰难中需要勇气，常态下需要创新，只有个性鲜明人格独立的人才敢于冒险和创新，才有可能在极端复杂困难的条件下坚持与强有力的对手进行顽强的斗争，并取得比赛的最终胜利，创造出意想不到的成功。篮球比赛的竞争可以最直接、最富有力度地表现人的本质力量。因此，通过篮球比赛，不仅能够锻炼我们坚韧不拔、勇敢顽强、吃苦耐劳的意志品质，而且对人的自觉性、目的性、果断性以及自制力、坚持力、创造性等均有极大的影响，所以篮球运动可以实现人的个性的自由发展。

篮球运动有助于创造良好的情绪体验。篮球运动中自始至终贯穿着比赛双方在身体素质、技战术水平、心理智能等多方面的对抗和竞争，在规则允许的范围内攻击对手，战胜对手，获取胜利。篮球运动富有趣味和激情，在运动过程中，通过锻炼者娴熟地运球、巧妙地传球、准确地投篮、果断地抢断、高超地扣篮与封盖，再加上攻守交错、对抗变换，给人以美的感受，无论是参与者还是观看者都会经历"尖峰时刻"，得到良好的情绪体验。

篮球运动具有文化娱乐的意义。在日常的工作学习中，人们面临着各种各样的压力，对人们的心理健康造成一定的危害。篮球运动可以作为人们休闲的一种手段，通过篮球运动，人们的压力得到释放，从而可以以最佳的状态重新投入到工作学习中去。即使不亲自参与运动，人们通过观看篮球比赛也可以得到精神方面的享受，篮球比赛十分激烈，扣人心弦，加上运动员高超的技术表演以及球队精妙的战术配合，使篮球运动成为非常有魅力的运动。通过观赏比赛，人们得到了美的享受，得到了极大的满足。篮球运动使人们得到放松，并丰富了人们的文化娱乐生活。

二、篮球文化的认知

篮球文化是篮球运动精神与物质结合的产物，以篮球活动为中心，具有独特意义和价值的物质形态和精神形态成果，还有让活动顺利开展而形成的各种制度、关系、符号系统以及行为方式的共同集合。

首先,对篮球文化的实践性和活动性进行了证明。篮球文化的本质就是一种身体运动,目标是提升人们的身体技能,而篮球文化也是基于人的身体运动产生的。目前来说,篮球运动获得了非常好的发展,功能也越加多样化,既有球赛组织等物质层面的生产,又有运动员职业素质等精神层面的生产。然而,不管是何种形式的生产,都必须以篮球运动为媒介。

其次,对篮球文化的独立性和完整性进行了很好的证明。篮球文化是基于一定的政治条件、经济条件和文化条件而产生的。不过,自其产生以后,这种文化就具有了独立性和完整性,并被人们欣赏、学习、广泛传播。

最后,对篮球文化的丰富化也进行了很好的证明。篮球文化在内容上呈现出的多样化和复杂化特征,主要体现在四个方面:一是篮球训练、教学和比赛等身体实践运动过程;二是篮球设备、比赛场地、比赛服装和篮球器械等物质方面存在的成果;三是对篮球精神、竞争意识和运动价值等精神层面精髓的体现;四是一些有关篮球运动的规则、组织机构等内容。

(一) 篮球文化的基本特征

1.活动性

篮球本身就是一种体育活动,因此,篮球文化具有活动性是必然的。篮球文化是基于篮球运动的发展而形成的。篮球文化中包含了很多攻守对抗要求、技术动作要领等内容,因此,当代的篮球运动已经不再是单一的体育运动,而是一种社会性比较显著的活动。篮球文化的发展也是以这一本质为前提,吸纳了各种带有社会学意义的因素,从而影响人们的意识观念,并在篮球文化中融合了健美、健体、精神追求等元素,使得篮球文化更加充实和丰富。所以,身体活动是篮球文化的一个重要组成部分,是对身体活动进行潜意识的优化,并以强身健体为目标的一种文化。因此,身体活动也是篮球文化的一个重要特征。

活力较强、极为显著的生命形态,是篮球文化的另一个重要特征。篮球文化是变化的,是适应周围环境并与之进行交流的过程。通过与周边环境的其他因素进行融合、吸收、选择等过程,从而形成自身独具特色的文化体系,并结合篮球运动的开展而成为具有系统性的篮球文化,其中蕴含着深刻、丰富的篮球文化意义。

2.教育性

篮球运动蕴含了非常深刻的教育意义。所以,篮球文化也体现了非常鲜明的教育功能,这必然会使篮球文化成为需要进行学习的对象。篮球文化主要有三个层面的教育:

一是篮球知识；二是技能习得；三是学科性状态。这是从篮球文化实现教育功能的方式上来说的。篮球文化的主要目的分为两个层面：一是追求个人的身体强壮和健康；二是体现人文教育的重要性。篮球运动和其他运动相比，在技术、体能和心理状况上都有其独特的要求，为了适应这些独特的要求所历经的训练和培养过程就形成了篮球文化，形成后的篮球文化又能指导篮球运动的教学、训练，对参与者产生非常积极的作用。因此，也可以称篮球文化为一种文化符号。篮球文化是建立在专业的技术要求、多样化的战术方式、公正的竞赛要求等这些规范的基础之上的，加以融合一些其他重要元素的特征，共同形成了篮球文化的精华。而且，这些文化在传扬、发展的过程中，被不断地总结、归纳，最终形成了结构严密、内容丰富的篮球文化，并成为国内体育教学不可或缺的一个重要组成部分。

篮球文化体现了一种精神内涵，这也是篮球文化的一个显著特征。篮球运动是一项集体性的运动，要掌握好这门运动，需要结合个人的身体素质和心理状态、个人行动和集体意识、个人的智慧和能力等多方面的条件，并需要具备一定的协作能力、团队合作精神和集体意识。它不但需要参与者个人的能力和技术，更需要集体的配合和成员间的默契度，既要能够成就个人的荣誉，又要履行个人的职责。在体现个人价值的同时，还要满足集体的利益需求，要求竞争的公正与公平，也要求运动员具备协作意识和宽容情怀，在不断提升运动员物质生活水平的同时，还需要满足运动员的精神追求和人格追求等要求。以上种种文化诉求，都将成为篮球文化中价值观念指向、审美情趣要求和道德品质追求的重要内涵，篮球文化还要求运动员遵守一定的法律法规和行业制度，并在潜移默化中培养运动员的自我约束能力。

篮球运动虽然是一项集体运动，但也具有一定的独立性，能很好地对运动员进行智力、品德上的教育，并对运动员的技能增长和身心健康发展具有重要意义。篮球运动员在参与篮球活动时，能获得不断提升和学习的机会，并在这个过程中，使自己的意志得到坚定、体能得到提高、团队意识更加强烈，从而实现自身价值的升华，让自身获得全面发展，提高自身的整体素质。

3.竞争性

篮球文化具有一定的竞争性，这主要表现在三个方面：首先，篮球运动中需要团队成员具备一定的攻守能力；其次，参与篮球运动的成员要熟知篮球的竞赛规则；最后，篮球运动员要有挑战自我的意识。这其实都是竞争意识的体现。

篮球比赛中最重要的精神就是强烈的竞争意识，这是篮球文化无法被取代的重要精髓。篮球运动的竞争形式有别于其他的体育运动，它要求参与运动的成员，在规定的时间和空间内，进行攻击和防守两种方式的对抗。所以，从这个层面上来说，也可以将篮球竞赛看成是运动员在时间和空间上的一种对抗行为，因此，篮球文化的竞争性也体现出了一定的时空性。

人们对篮球领域中一些还不了解的事情或者知之甚少的事物以及规则进行探索的过程，统称为篮球科学研究。这是一种人们在主观意识形态上的探索，有利于发现篮球运动的新特征和新问题，并有利于发现篮球运动的规律。人们的这种探索和追求的精神其实也有利于提高自身的篮球技能和认知，并展开与其他研究人员或工作者的竞争和合作。当然，这主要是篮球文化层面上的竞争。

4. 开放性

开放性主要体现在篮球文化在对手的选择上，具有较好的互动性。篮球文化具有全球性的特征，由此可见，其开放性是较强的。主体的选择也具有较大的自由，可以从自身需求和爱好出发选择篮球文化。此外，篮球文化的开放性还体现在篮球比赛的开放性和变动性上，攻守双方在对抗时会下意识地将对手的优势和长处进行吸纳，并避免出现跟对方一样的错误，从而使自身的发展更加顺利和快速。全球化的推进，有效地促进了篮球文化的开放性。这已然成为篮球文化得以发展和普及的重要推动力量。

5. 地域性

篮球文化具有一定的地域性，但同时也具备较好的共性，这是因为发源于不同地区的篮球文化，随着经济、人才和文化的交流不断地深入和融合，使得各地的文化有了交融和渗透的机会。因此，在多元化发展的基础上，形成了一定的共性特征。各个地区的篮球运动，需要吸纳其他地区优秀的篮球文化元素，以便不断突破自身的发展，加之篮球队员、教练员以及其他相关的工作人员具有一定的流动性，这也加速了篮球文化的交融和渗透，同时发达的电视传媒和互联网媒体也为篮球文化的相互交融提供了较大的推动力量。这种区域化的篮球文化交流，既包括了美洲、欧洲和亚洲等大范围内的交流，也包括了国家之间、地区之间的交流。

国内的篮球竞赛讲求以快为主的观念，是从20世纪50年代开始的，风格形成，并获得了非常好的成效。直到现在，欧美国家队也具备这些风格特征。此外，随着篮球队员的流动，也将很多欧美球队的风格引入了国内。

6. 共享性

篮球运动是一项全球化的竞赛运动，如奥运会、NBA（美国男子篮球职业联赛）篮球赛和世界篮球锦标赛等各大赛事都是在全球范围内开展的。尤其是NBA赛事，早已突破了地域的局限，成了一项国际化的赛事，并充分发挥出了其独特的文化内涵，拥有了全球各地的观众和球迷。

各种参与篮球运动的人，对篮球文化都有不同的理解和感受。这不受肤色、语言、性别、工种、技术和体能的限制。而且，篮球运动的参与者有专业与非专业性之分，有国际与地区之分，有些是有组织的参与，有些是自发参与的。此外，篮球运动的参与者也各自有着不同的目标，有的是为了竞赛，有的是为了强身健体，有的是为了娱乐休闲等。当然这都不会影响人们参与到篮球运动中来，因为他们对篮球运动的规则、技术等有着一致的认可，对篮球运动的精神都给予了高度评价。

（二）篮球文化的价值体现

1. 促进人的健康发展

篮球文化是以身体活动的特殊形式所表现的一种社会文化现象。根据现代健康理论，人类健康包含生理、心理健康以及社会适应三方面，篮球运动促进人的健康作用，在这三方面都有体现。

参加篮球运动可以促进生理健康，增强体质，改善人体的各个功能器官。篮球运动者普遍要求具有较强的身体素质，动作灵活，身强体壮，因为参与篮球运动本身带有锻炼身体的效果。所以，篮球爱好者的体质、运动能力等，在潜移默化中得到提升。经常参与篮球运动对于控制体重和改变形体很有帮助。

篮球运动还能对人的心理健康有积极的促进作用：改善情绪、降低焦虑，明确自我定位，提高信心，增强意志品质，减轻心理压力，提高团队合作精神，通过篮球运动调整自己情绪和兴奋状态，使情绪达到一个平衡状态。

社会适应指人的生理和心理活动，能够很好地适应复杂的社会环境变化，让大家理解、认可、接受。参与篮球运动可以增加人与人之间的交流与接触，使参与者适应周围的各种人和事，尽快被他人认可、理解、接受。目前，越来越多的人（包括青少年、老人和妇女）开始接受篮球运动，把篮球当作锻炼身体、娱乐减压以及丰富日常生活的方式，人们通过参与篮球运动相互了解以及适应不同社会与环境。

2. 促进人的全面发展

着眼于人的全面发展和社会的和谐进步是发展篮球运动的根本目的，也是篮球文化的一大功能，体现了篮球文化的价值基础和动力源泉。

"以人为本"是篮球运动人文教育思路。在提高运动技能水平的同时，还能够展示运动者个性与优点；满足个人荣誉追求，重视个人与集体的平衡关系；倡导互相配合和鼓励，提倡公平竞争；既能提高身体技能，又有助于思想品质和个人人格培养。

篮球运动强调遵循公平公正原则，要求运动双方多方面展开竞争和对抗，体现在战术水平、心理、智能和身体素质方面。同时，要求各个群体内部务必互相合作、紧密团结，因为竞争和对抗是建立在我方团结合作基础之上的。

参加篮球文化活动可以引导和规范个人行为。篮球比赛有固定的比赛规则和相关的规则制度，参加者必须要遵守规章制度、道德规范、比赛规则和社会规范要求，具备顽强拼搏的勇气和敬业精神。

所以，参加篮球运动过程是一种人的社会化形式，是一种实现德、智、体、美的教育方式，进而积极促进人的全面发展。

3. 满足人的娱乐需求

篮球运动的一种原始的特性是娱乐性。最初的篮球运动被当作一种游戏，并且由此开始发展。通过体育技术提升，市场包装推广，增加篮球文化玩乐、休闲成分，而且以独有的作用方式和表现形式，引起众多篮球爱好者的关注及参与篮球活动竞赛，从而体验到篮球运动所带来的愉悦。

对大部分爱好者来说，他们参加篮球活动，不是为了提高技术能力，更多的是用于舒缓工作压力，释放负面情绪，培养更多兴趣，欢畅身心感受和获取运动喜悦。此外，观看高水平的篮球竞赛时，不只是能够欣赏激烈的赛事，其间穿插的文化娱乐表演、音乐杂耍演出，加上热烈的现场氛围，从耳朵、眼睛、心灵感受艺术熏陶。

第二节　篮球运动的发展

一、篮球运动的发展历程

（一）世界篮球运动的发展

1. 世界篮球运动发展的五个时期

（1）初创试行时期（19世纪90年代—20世纪20年代）。世界篮球运动的初创试行时期是19世纪90年代至20世纪20年代，在这一时期，篮球运动迅速传播、篮球战术初步形成和篮球竞赛规则初步形成是篮球运动发展的主要体现。

（2）完善推广时期（20世纪30—40年代末）。篮球运动发展的第二个时期是20世纪30年代至40年代末，这一时期是篮球运动的完善推广时期。其中发生的重大事件是国际业余篮球联合协会成立，它的成立使篮球运动的规则和技战术得到进一步完善，促进了篮球比赛在世界的进行。

（3）普及发展时期（20世纪50—70年代）。篮球运动的普及发展时期是20世纪50年代到70年代，这是篮球运动发展的第三个时期。在这一时期，随着篮球运动技战术的创新和发展，规则与技战术之间在不断制约中相互促进，篮球运动在世界各地得到广泛普及。

（4）全面提高时期（20世纪70—80年代末）。篮球运动的全面提高时期是20世纪70年代到80年代末。这一时期，篮球运动中身材高大的运动员大量涌现，篮球规则进一步修正，篮球技战术也得到创新发展。

（5）创新发展时期（1990年至今）。1990年至今，是篮球运动的创新发展时期，这一时期，篮球运动呈现出了新的特点和变化，篮球运动水平得到进一步提高。国际业余篮球联合协会更名为国际篮球联合会，世界篮球运动进入竞技化、智谋化、技艺化于一体的新时期，篮球竞赛规则的适时修改使篮球运动更加规范。

2.世界篮球运动发展的现状分析

进入21世纪，篮球运动发展步伐加快，现代篮球运动已成为一种世界性文化，遍及五大洲。然而篮球运动的普及与发展，由于受各国政治、经济和社会发展背景等的影响，篮球运动在世界各地的发展极不平衡。以洲际区域剖析，以美国为代表的美洲区为现代篮球发源地，整体水平最高，将技巧与特殊身体体能条件结合，形成个体作战和几个人组合作战为主体的打法，体现出高、快、准的特点，基础技术好，整体实力强。以俄罗斯、塞黑和立陶宛等队为代表的欧洲受美国篮球影响较大，普及面广，整体水平接近，是美洲队最大的竞争者，基本打法以整体作战为主体，体现出高、狠、准的特点，强调对抗，力量足，讲究整体实力。随着澳大利亚篮球并入亚洲，亚洲篮球水平得以提升，因澳大利亚的篮球风格近似欧洲，篮球普及率高，男女篮球的竞技水平一直处于世界前列。另外，亚洲区东亚的中国、日本、韩国篮球竞技水平较高，西亚的伊朗、约旦、黎巴嫩已显崛起之势，但普及面受局限，实际水平与欧美国家相比仍有较大差距，基本打法是以作风、体质为基础的技巧和快、灵、准的整体型作战为主体。非洲区篮球运动发展滞后，普及面不广，运动水平较低，与其他洲有明显差距，其打法尚未显出明显特征。

但从最近两届奥运会篮球赛和世界锦标赛优胜名次的分布情况来看，当今世界篮坛比赛名次已形成升降交替、多足鼎立的格局，说明随着世界篮球运动的广泛传播与交流，世界竞技篮球的格局也在不断演化，推动世界篮球运动向着动态、多元、多变的方向发展。

（二）中国篮球运动的发展

1.中国篮球运动发展的三个时期

中国篮球运动的发展通常分为三大时期，7个阶段。

（1）传播和缓慢普及时期（1895—1948）。我国篮球发展的第一个时期是篮球在我国的传播和缓慢普及，时间是1895—1948年。在这个时期内，我国篮球运动的发展又可分为初始传播、缓慢推广、局部普及三个阶段，时间分别为1895—1918年、1919—1936年和1937—1948年。

（2）有限推广、停滞困惑、复苏发展时期（1949—1995）。我国篮球运动的第二个发展时期是1949—1995年，篮球运动在我国有限推广、停滞困惑、复苏发展是这一时期的主要体现。这一时期也可分为普及、发展，徘徊、困惑，复苏、提高三个阶段，时间分别为1949—1965年、1966—1978年和1979—1995年。

（3）总结经验、深化改革、解放思想、更新观念、创新攀登的新时期（1996年至今）。1996年至今是我国篮球运动发展的第三个时期，这一时期，篮球运动进入了新的发展时期，我国篮球开始走上职业化道路，并取得了不错的成果，我国的篮球队在国际上也顽强拼搏，体现了中华民族的精神面貌。1996年，出现了中国职业篮球联赛。1997年，篮球运动管理中心成立，并把传统的甲级联赛正式命名为中国男子篮球职业联赛，从此篮球职业联赛在我国发展起来。通过长期的努力，我国篮球事业发生了深刻变化，体现了新的生机和活力，展现出广阔的发展前景。中国男子篮球职业联赛，受到了众多篮球爱好者和社会的关注，同时也涌现出了一大批优秀篮球员，他们有的更是进入了美国职业篮球联赛，在篮球运动最高水平的舞台上展现中国的风采。中国篮球的发展显现出了巨大的潜力，推动了我国篮球运动加快职业化、产业化的新进程。同时，我国篮球运动水平也不断提高。我国篮球运动在亚洲一直保持着领先地位，在世界大赛中也获得了不错的成绩。在2008年的北京奥运会上，中国女篮杀入四强，中国男篮则获得了世界前八的成绩。在2011年的男篮亚锦赛和女篮亚锦赛上，中国男女篮均获得冠军。但是还应看到，我国的篮球水平与世界相比还存在着较大差距，仍需要队员们的不懈努力和社会各界的大力支持。

2. 中国篮球运动发展的现状分析

新形势下，中国体育事业改革不断深化，体育事业发展战略重心由"体育大国"向"体育强国"转移，篮球运动亦迎来新一轮的发展契机。

目前，篮球职业联赛市场化、产业化不断完善，联赛的竞技水平越来越高，吸引了包括NBA在内的世界各国的高水平篮球运动员前来中国打球，引起社会各界的广泛关注，有力地推动了中国竞技篮球运动的发展，也进一步提升了篮球运动的影响。此外，随着人民物质生活的日渐富足，精神文化的需求也在不断加强。2005年，根据《全民健身纲要》的精神和中国篮协宁波会议宗旨"中国篮球运动将作为一种全民的健身文化"在全国范围内予以全面的运营和推广，中国业余篮球公开赛（Chinese Basketball

Open）应运而生，此项赛事是经国家体育总局篮球运动管理中心批准，中国篮球协会主办，全国各省市体育局、篮球协会承办的全民性大型体育健身项目，赛事的推广与运营也有效地促进了篮球运动在全国各地、各社区的开展。

在中国篮球运动不断发展的同时，现阶段也同样存在许多亟待解决的问题。

（1）随着市场化的不断完善，现有的篮球运动管理体制和运行机制还不能适应该项目的快速发展，管理部门在思想上和认识上还存在一些问题。

（2）代表国家最高水平的男、女国家队并没有因职业联赛的良好发展及群众篮球运动的火热开展而发生飞跃，在国际和亚洲赛场上竞赛成绩起伏不定，不尽如人意。

（3）中国大学生篮球联赛、大超篮球联赛的举办，使校园篮球火遍大江南北，但却难以向更高一级运动队输送更多、更优秀的篮球后备人才，暴露出篮球后备人才培养工作薄弱的问题。

（4）各级教练员队伍良莠不齐，整体素质不能适应现代篮球运动的快速发展，对竞技篮球运动发展规律认知不够，训练、竞赛理念落后。

（5）中国现在有3亿篮球爱好者，但由于地方政府重视程度不一，加之受场地少和设备落后等条件限制，中国民间篮球热一直难以升温。

（6）篮球理论研究和科研工作滞后于篮球发展实践。针对篮球运动存在的深层次问题缺乏自主性研究成果，科学研究未能重视与实践结合，科研成果应用率不高；实践工作者不重视理论的指导作用，忽视训练工作中的科研指导。

二、篮球运动的未来发展趋势

进入21世纪，随着社会和时代的发展，篮球运动处在新的发展环境之中，在新的环境中，篮球运动的发展呈现出了一定的发展趋势。20世纪90年代以来，现代篮球运动进入了新的发展时期，即篮球运动当代化时期，篮球运动在世界范围内进一步普及、发展、创新，攻守对抗的速度、力量、准确性、技巧性全面提高，竞赛更具魅力。因此，21世纪世界篮球运动将带着创新意识，沿着"智博谋高、身高体壮、凶悍顽强、积极主动、快速灵敏、全面准确"的方向发展。具体表现在以下方面：

（一）篮球运动在全球进一步普及

篮球运动的一大发展趋势是大众篮球运动在全球进一步普及，篮球的竞技比赛文化氛围全面提高。前面已经提到过，篮球运动具有很多的特点和价值，这使篮球运动充满了活力。因此，大众篮球运动日益成为全球性社会文化和全民性健身强体、修德养心的工具和手段，它在全球范围内进一步普及，而且篮球运动中的文化色彩的氛围不断深化，已成为社会生活的重要组成部分。尤其对发展中国家来说，篮球运动的开展日益广泛，各界人士对篮球运动的支持促进了篮球运动的发展。

（二）篮球运动进入校园

篮球运动进入校园是篮球运动发展的趋势之一。在学校中，篮球运动的健身、教育功能日益显著，活动的形式也丰富多样。学校篮球运动的健身、教育功能显著，活动形式丰富多样。各级的教育行政部门和学校领导对篮球运动的增智、健身、教育、宣传、社交功能有了深刻的认识。在他们的重视下，篮球运动在学校中蓬勃发展起来，日益成为活跃校园文化生活、增强师生体质、提高健身水平、陶冶情操、锻炼意志、修养品行、培养团队精神、增强使命感和荣誉意识的特殊教育形式。各种形式的篮球俱乐部在学校建立起来，成为学校的基本社团。通过学校篮球运动的发展，未来优秀的运动苗子会得到启蒙，从而为我国篮球运动的发展打下一定的基础。

（三）篮球运动与高科技的结合

时代在发展，社会在不断进步，高科技也得到了前所未有的发展，篮球运动发展的另一趋势就是篮球运动与高科技相结合。现代先进的科学技术渗透到篮球运动之中，不仅对篮球运动的理论产生影响，使传统的篮球观念、篮球理论等有了新的发展，还对篮球运动的实践产生了重要影响，使篮球运动的训练手段多样化。篮球运动与高科技的结合，使篮球观念发生了转变，使新的理论观点层出不穷，新的技术、战术不断产生，新的竞赛制度不断完善，新的规则再充实、再发展，从而形成了从篮球理论到篮球实践内容的新结构、新体系。篮球竞技在创新发展中更具有个性化、集约化、技艺化、科技化、商业化，明显地反映出竞技篮球当代化的科技氛围。

（四）篮球运动的商业化加剧

在新的时代背景下，篮球运动继续在全球拓展，篮球运动的商业化气息不断加强，观赏性也在不断加强。篮球运动具有较高的经济价值，主要体现在篮球运动的职业化进程中。职业性的篮球俱乐部纷纷成立，篮球运动的商业化行为也不断完善，篮球运动逐渐形成一种产业。篮球运动的规则不断完善，篮球运动的技术、战术不断发展，加上高科技的渗透，篮球运动的观赏性得到了前所未有的提高，观众在观看比赛时可以得到视觉和精神上的超级享受，满足了人们观赏比赛的需要。

（五）篮球运动形成新格局

篮球运动的普及非常广泛，各国也对本国篮球水平的发展非常重视。根据本国实际，结合本国运动员特点，并借鉴高水平国家的经验，对本国的篮球运动进行了发展，促进了世界篮球水平整体的提高。由于各国的国情不同，篮球运动的基础也不同，各国篮球运动水平的提高也不同，世界上篮球运动形成了新的格局。在亚洲、大洋洲和非洲地区某些国家将向先进强国冲击。各国之间的差距在逐步缩小，这使得国家间的篮球比赛越来越激烈，悬念也越来越大。

（六）篮球运动强调全面发展趋势

现代篮球运动强调全面发展趋势的表现形式包括以下内容：

（1）强调智谋。即要求运动员、教练员有谋略，用智慧去拼搏。20世纪世界优秀运动员张伯伦、约翰逊、乔丹等之所以能在不同时期将自己的技艺演绎得出神入化，除了技术和身体因素外，还在于他们有文化、有智慧、有个人作战的谋略。可以说，21世纪的篮球比赛，两强相遇智勇结合者胜，智勇双全才能化险为夷，克敌制胜。

（2）强调高度。即普遍重视运动员自然高度和提高制空能力。21世纪的篮球竞技舞台将继续上演巨人游戏，国内外强队普遍重视球队平均身高的增长。世界男子强队平均身高稳定在2.05米左右，中锋队员保持在2.10～2.15米，超高度的中锋队员达2.20～2.30米，全队2.00米以上的队员通常保持6～8人；女子队平均身高稳定在1.85米左右，中锋队员保持在1.90～2.00米，全队1.85米以上的队员通常保持4～6人。不高无优势已是篮球比赛的客观事实，但高的内涵不仅仅停留在运动员身体形态高度上，还应要求高大运动员高中有壮，壮中有巧，高、壮、快、巧结为一体，以身高、体重、力量、技巧等去获取空中优势。

（3）强调准确。即以投篮精准为目的的观念、意识、技术进一步增强。篮球比赛是以得分多少决定胜负的，而投篮是唯一的得分手段。因此，球场上一切进攻技术和战术皆是为了保证运动员获得一个稳定的、有利的投篮时机和投篮地点。未来篮球运动除对投篮精准作为更高的要求外，同时要求运用技术时机的准确性高，转换技术、战术判断时机的准确性高。

（4）强调速度。即更重视以速度争取时间。历年来的篮球规则修订，都对进攻时间加以限制，将来也不例外。其目的是技、战术的发展及提高比赛的观赏性。因此，不仅强调提高攻守阶段速度，更强调有节奏地加快攻守转换的速度，增加快攻反击的次数，提高快攻得分率，特别重视提高高大队员参与快攻的意识和速度，在高速度、高强度中对抗拼搏，在高速度下转换技术与战术，以速度争取主动，以争取时间来控制空间，赢得胜利。

（5）强调多变。现代篮球运动战术阵式的多样化丰富了篮球运动的内容。未来的比赛布阵落位将更加迅速，阵式不一，立足一个"变"字，在最短的时间、最快的速度下组合最强的战斗力，取得最佳的攻防效果。在不忽视整体行动的基础上，将更重视个体和两三人之间机动配合作战。

（6）强调拼搏。即强调拼斗性进攻，更重视拼斗性防守。当代篮球运动的显著特点之一是攻守对抗的凶悍和拼斗的日趋激烈。篮球运动在"攻守平衡理论"的基础上，又进一步提出了"进攻好能赢球，而防守好才能获得冠军"的新观点，使防守的指导思想和技术、战术都发生了变化。在防守过程中强调主动性、凶悍性、力量性和破坏性。在具体防守技术方法与战术策略上也进行了变革和创新，如提倡运用平步追防，身体主动用力抢位、堵截与积极错位抢断等个人防守技术；防守战术多采用综合和压迫性防守战术来制约对手。

此外，强调帅才也是当代竞技篮球发展的趋势之一。拥有一批聪慧、好学、善思、正身、敬业、自强、无畏的教练员已是一场关系比赛胜败，乃至一国一地篮球运动兴盛的基本保障。"强将手下无弱兵"已经成为共识。

总之，只有将以上这些方面相互融合、高度统一，才能真正把握当代篮球运动发展新趋势，才能更好地适应现代篮球运动发展的需要。

第三节 篮球运动的特点分析

篮球运动是一项集体性很强的运动项目，只有运动员们团结一致、齐心协力、互相合作才能战胜对方。为了取得比赛的胜利，在规则允许的条件下进攻队员可以使用各种各样的进攻技术和进攻战术，防守队员为了破坏对方的进攻，采用相应的防守技战术。因此，可以说双方运动员既是同场竞技，也是攻守交错，他们展开的是一场以球为中心的激烈争夺。人体基本活动能力中的跑、跳、投等基本动作，运用时再加以各种各样的变化，构成篮球运动的技术。篮球战术是由进攻战术和防守战术两大类战术体系构成，进攻和防守战术的选择则要根据临场攻守形势的变化而不断变化。因此，篮球技、战术的运用具有复杂性和多变性，这就要求运动员不仅要有多样、协调的技术动作，还必须具备随机应变的能力。

随着时代的进步和社会的发展，现代篮球运动已完善发展成为一项科学的、技艺化的、国际大众性的竞技体育项目。其本身的活动过程，除了发挥强身健体的功能，还在于展现人们为追求更高、更快、更强的奥林匹克精神，更重要的是彰显着人类生命的活力，已经演变成为一种特殊的社会文化现象，一道反映时代特征的社会人文景观。

一、篮球运动的对抗性

对抗性是篮球运动的一个重要特点，因为篮球运动是一项攻守双方直接对抗的竞技项目。简单地说，篮球运动时，双方10名队员争夺一个球的控制权并投篮得分，这种情况下，双方队员发生对抗是必然的。比赛中双方队员始终是在制约与反制约之间进行面对面的争斗。篮球运动是在狭小的场地范围内快速、凶悍近身进行的活动，争夺控制权、抢占有利位置、控制空间是其对抗性的主要反映，激烈的地面与空间立体对抗得以形成，这与篮球运动的场地相对来说比较狭窄，篮筐距地面也有着一定的高度密切相关。而篮球运动的魅力所在就是在特殊地面和空间进行短兵相接的对抗，这也决定了篮球运动在获球与反获球，追击、抢夺，限制与反限制中，不仅需要斗智，还需要充沛的体能和顽强的意志，是一种包含智、谋、技、体等全方位的攻守对抗。在技术方面，篮球运动表现出了对抗性，在战术打法上同样如此，如攻守高速转化能力、快节奏全场攻击能力、区域紧逼成功率等。由于技战术的发展，如迫使对手难以施展技术特长和达到攻击目的的空间与地面全场紧贴对手、身体主动用力的个人防守技术以及贴身强攻技术，强行突破、强行投篮、篮下强攻技术，篮球运动全方位对抗的特点在近年来表现得越来越明显。篮球运动具有对抗性的特点，这对运动员提出了较高的要求，篮球运动中的对抗，不仅需要爆发型的力量素质和反应速度做基础，技术的运用也需要动作力量和动作速率做保证，运动员必须具备在攻守对抗中贴身防守与快速摆脱对手等情况下的抗衡能力。在篮球比赛中，队员之间的替换非常频繁，这是为了保持比赛中的对抗强度及持久的作战力，使运动员在场上有充沛的体力，提高对抗能力，这无疑是对篮球对抗性特点的反映。在对抗性特点下，运用贴身攻防是运动员越来越注重的对抗手段，其凶悍拼抢的顽强作风也日益增强。在队伍的组织、阵容的配备、训练与比赛作风的培养、心理的准备上都应该重视篮球运动的对抗性特点。

二、篮球运动的变化性

篮球运动具有变化性的特点，主要体现在篮球运动的攻守转换速度快上面。篮球运动攻后必守，守后必攻，攻守不断转换，转换发生在一瞬间，瞬间变化无常，使比赛始终在快节奏情况下进行，给人以悬念，体现了篮球比赛的独特魅力。另外，篮球比赛场上情况变化万千，稍纵即逝；多变的情况靠固定的模式、不变的打法是无法对付的，因此，使得篮球战术呈现灵活、机动的特点。这就要求运动员必须善于根据主客观情况的发展变化，随机应变，提高临场应变能力，灵活地运用战术和变换战术，表现在适时地掌握进攻时机，正确地选择突破口，合理地组织力量，发挥全队及个人的特点。

三、篮球运动的集体性

篮球运动是一项团体运动，具有集体性的特点。在篮球比赛中，双方各有五名队员，在篮球运动中，通过队员的集体协同配合，技术、战术行动才能够完成。运动员做各种动作，如传球、接球、运球、投篮、移动和防守等，这些都是有目的性的，其作用的发挥都是在战术指导思想要求下，通过两人以上的协同配合而实现。在篮球运动中有队员的个人战术行动和集体战术配合之分，两者之间的关系非常密切，前者是后者的组成部分，后者则是前者合理组织的综合体现，两者是局部与全局、个体与集体的关系。在篮球场上，运动员做动作的根据就是应从全局出发并与同伴通力合作，努力为本队形成严密防守和创造进攻机会。只有个人技术的发挥融汇在集体协同配合之中，才能够促使战术意图的实现。此外，集体的密切配合为个人才能的施展提供了所需要的条件。因此，全队行动的协调一致是球队在组建、训练和比赛中需要强调的，同时还要注意调动每个队员的积极性。总之，篮球运动比赛是一个竞赛过程，形式是两队成员相互协同攻守对抗。要想获得最佳成效，必须集整体的智慧和技能，发挥团队精神，协同配合。这正是篮球运动集体性特点的体现。

四、篮球运动的综合性

篮球运动以手控制球，并围绕着投篮得分展开攻守对抗为主要活动形式，包含跑、跳、投等身体活动，是一项综合性的体育运动。因此，技术动作复杂多样。这些技术在比赛中的运用均是组合形式的，其活动结构形式是多元化的。比赛情况的复杂多变，使随机性、多样性与不确定性成为技术组合呈现的特点。篮球运动涵盖的科学内容体系上也体现了综合性的特点。篮球运动涉及社会学、生物学、管理学、体育学、竞技学、教育学等，这使它形成了独特的理论体系和技术、战术实践系统，已成为一门综合的边缘学科课程。它要求特殊的运动意识、集体的团队精神、个性气质、身体形态条件、生理机能、心理品质、道德作风，全面身体素质、专项技术与战术配合方法体系及实战能力等，这对教练员的科学化教学、训练和高水平的指挥管理提出了更高要求。综上，篮球运动是一项综合性的体育运动。

五、篮球运动的商业性

商业化特点是篮球运动发展的一个新特点,这一特点是指篮球运动商业化气息越来越浓,主要体现在组织体制、赛制和训练管理机制方面。运动员自由人地位的确立、运动技能及能力价值观的变更、俱乐部产权的明晰、对独立社会法人代表的重新认识,这一系列的变革一方面使世界篮球运动向更高的竞技水平发展,另一方面也使职业化篮球向商业化、产业化方向的发展得到了有力的推动。商业化既是篮球运动的特点,也是篮球运动发展的趋势之一。

六、篮球运动的职业性

职业性特点也是篮球运动发展的一个新特点。随着篮球运动竞技水平的提高以及赛制和规则的完善,现代篮球运动在全球蓬勃发展,一些职业篮球俱乐部纷纷成立。随着运动员智能、体能、战术水平的不断提高,篮球运动的职业化进程得到了推动,至 20 世纪八九十年代,职业篮球俱乐部如雨后春笋般建立起来,全球职业化篮球已发展成为一项新的产业。

第二章 篮球教学与训练基础理论

篮球运动是世界上最受欢迎的球类运动之一,在我国受欢迎的程度更是难以想象。大学生作为对体育运动比较热衷的群体之一,对篮球的追捧更是其他任何群体都不能及的。近几年来,篮球运动得到了快速的发展,在一定程度上也带动了高校篮球运动的进步,篮球运动是一项特别强调高技巧、高速度和高对抗的体育运动,如果大学生能够经常参加篮球运动,不仅能够提升自己的篮球技术和篮球战术技巧,而且对增强自身的身体素质,也有很大的帮助。因此,各大高校都将篮球教学纳入体育教学的范围中来。本章主要介绍篮球的教学方法、教学理念、训练步骤及训练方法。

第一节 篮球教学基础理论

篮球教学是一个教育实践过程,篮球教学理论就是从篮球教学实践中总结、概括并上升为理论的科学体系。篮球运动的发展离不开理论的支撑,篮球运动理论体系的强大与否,篮球运动理论研究层次和水平的高低,直接关系着一个国家篮球运动整体的发展水平,这是一条已经被篮球运动发展证明了的客观规律。

篮球运动教学理论是将一般的教学原则和相关科学的理论与方法融为一体,促使学生有效掌握篮球运动基本知识和技能的一种专项理论。

一、篮球教学的任务

体育教学的进行是为了完成既定的任务,这对篮球教学来说也是如此。具体来说,篮球教学需要完成的任务主要有以下四个方面。

(一)增强学生的身体素质

不管从事什么样的体育运动,良好的身体素质都是必要的基础。篮球运动要求学生必须具备跑、跳、投等运动技能,因此,通过篮球运动的教学,不仅能够促进学生身体正常发育,全面提高其身体素质,增强其体质,还能对学生的身心发展产生积极的影响。另外，需要强调的是，要想很好地学习和掌握篮球技术和战术，增强学生的运动能力，身体素质这一基础必须打好。

（二）培养学生的篮球知识与技能

篮球教学的内容主要有三个方面，即篮球理论、篮球技术和篮球战术。因此，篮球教学要使学生对篮球基础知识以及篮球技术和战术知识有所掌握，并且能够有效提高运动技能。其中，篮球理论知识是掌握技术和战术的依据，而篮球技术则是篮球战术的基础。篮球教学三个方面内容之间的关系相互作用、相互统一，它们是一个不可分割的整体。

（三）激发学生的创新意识

学生的创新意识和创造能力是一项篮球教学过程中非常重要的教学任务。篮球运动是一项创造性活动，在运用篮球的技战术时，学生的运动能力具有明显的复杂性、多变性及灵活性。因此，通过篮球教学能够对学生的创新能力产生一定的促进作用。

（四）培养学生的优秀品格

篮球运动是一项集体性和对抗性的运动项目。首先，通过篮球教学和竞赛过程，能够使学生坚强的意志品质得到较好的培养，使学生形成自己的世界观、人生观及价值观。其次，篮球课程教学的教育过程对篮球人才的培养是有所帮助的。换句话说，就是篮球的教学过程是一个能够较好地完成人才培养的教育过程。因此，在篮球教学过程中，要重视对学生集体主义精神和勇敢拼搏的良好的意志品质的培养。

二、篮球教学的内容

篮球教学的内容主要包括篮球的理论知识、技术动作和战术配合，是以教学对象的层次和教学目标为依据进行选择的。

（一）理论知识

篮球理论知识的教学能够有效指导学生学习篮球技能和进行篮球活动实践。

目前，我国篮球运动得到了较好的发展，并且已经形成了比较完善的理论与知识体系，其包含的具体内容主要有篮球技战术分析、篮球教学训练理论、篮球竞赛的组织、篮球竞赛的规则、篮球竞赛的裁判法等，这些都是篮球运动教学最基本的内容，要求学生熟练掌握这些知识。

（二）技术动作

技术动作是篮球运动技能中最基础的内容。技术规格、动作方法动作要领和技术的运用等都是篮球技术动作的主要内容。在进行篮球技术动作的教学时，要求教师对示范动作的规范性加以注重，从而为学生树立正确的技术动作定型打好基础。

（三）战术配合

由于特定的战术布阵是篮球运动集体对抗形成的主要形式，在篮球运动竞赛中，战术阵势和战术配合是主要特征之一，因此，战术配合方法是篮球教学的重要内容之一。

在篮球教学实践中，两三个人的基础配合和全队配合是篮球战术配合教学的主要内容。在教学过程中，一方面，教师应通过合理有效的教学方法使学生对人与球移动的路线、攻击点、运用时机及其变化等内容有正确的了解和认识；另一方面，教师还要注意学生的战术配合与协作意识的培养，使学生在篮球比赛实践中能对战术配合进行灵活的运用。

三、篮球教学的理论基础

（一）认知心理理论

篮球教学不仅要组织学生进行身体运动，而且要传授大量与之相对应的操作性知识。因此，在学习篮球技术的过程中，先要通过人的感觉器官直接感受学习的篮球技术动作，形成运动感知觉，然后通过反复练习，再形成运动表象。在教学实践中要特别注意使篮球知识与篮球技术表象之间建立起巩固的联系，同时要通过认知活动来激发学生学习篮球运动的动机和兴趣。

（二）运动过程中生理机能变化理论

篮球教学是教师组织学生进行运动实践的过程，身体练习是掌握篮球技术技能的主要途径。在身体练习过程中，人体生理机能活动变化的规律是由相对安静状态逐步进入工作状态，人体工作能力由逐步提高进入最大限度水平，之后又逐步降低。经过长期的身体活动练习，既提高了篮球运动技能和身体素质，又使身体的运动机能得到适应性改善。所以遵循规律组织篮球教学，不但可以提高教学质量，而且可以增进健康，减少运动创伤事故的发生。

（三）篮球运动技能开放性与对抗性理论

众所周知，体育运动技能分若干种类，各类技能的性质存在一定的区别。篮球是直接对抗性运动项目，其技术的运用完全取决于实战中攻守关系的变化，没有固定的程序，因此，篮球技能属于开放性运动技能（又称非周期性技能）。因此，在教学过程中，必须遵循篮球运动技能学习与认知规律，采用合适的学习方法，把培养快速应变能力、对抗能力、配合能力以及意志品质放在重要地位。

（四）篮球运动训练理论

1. 周期训练理论

周期训练理论，是训练安排和制订训练计划的基础。周期训练理论的提出，源于人们对运动训练规律的深刻认识，其依据是训练适应性的形成规律、竞技状态发展规律、疲劳与恢复规律。周期性运动训练过程是以循环往复、周而复始的方式进行，每一个循环往复都不是简单的重复，而是在前一个循环的基础上不断提高训练的要求，从而使运动员不断提高竞技能力与水平。周期性是运动训练的基本规律之一，它的实质在于系统地重复各个完整的训练单元，包括训练课、小周期、中周期、大周期。以周期为基础来安排训练就能把训练任务、方法和手段系统化，并能保证其连贯性。

（1）训练适应理论

①训练适应的定义

由运动而产生的有机体与施加负荷的外环境不断取得平衡的过程叫作训练适应。

②训练适应的特性

a. 普遍性

训练适应的普遍性是指机体在形态、机能、运动素质、技术、战术和心理过程等方面都能发生训练适应现象。

b. 特殊性

机体对训练适应的特殊性表现在不同性质的运动负荷，可以引起特殊的适应性变化。

c. 异时性

机体由于运动训练而产生适应性变化需要一定的时间，而机体各个方面的训练适应现象出现的时间也有所不同。机体在机能上的适应性变化往往先于结构的适应变化。

d. 连续性

机体各方面训练适应的形成具有连续性。机体在形态机能、运动素质、技术、战术、心理等方面的适应具有异时性的特点，导致了机体全面适应以渐进积累的方式而形成。机体对某一运动负荷形成了训练适应之后，机体的反应会越来越小，最终这种负荷便不再能引起竞技能力的提高。为了使机体各方面的训练适应进一步发展，就要不断增加运动负荷。负荷提高后，机体又能产生一个新的适应过程，使竞技能力进一步提高。

（2）竞技状态理论

①竞技状态的定义

运动员获取优异成绩的最适宜状态叫竞技状态。

②竞技状态的形成与发展

竞技状态的形成与发展是一个连续的发展变化过程，主要包括以下几个阶段：第一阶段，初步形成竞技状态阶段。此阶段又分为两个小的阶段，前一个阶段为"形成竞技状态前提条件阶段"，前提条件包括有机体机能水平不断提高，运动素质得到全面发展，专项运动技术、战术的形成和心理素质的初步养成。后一个阶段为"初步形成竞技状态阶段"，这一阶段形成竞技状态的前提条件的发展具有了专项化的特点。彼此有机、和谐地结合起来，形成了一个完整的统一体，基本上形成了竞技状态。第二阶段，发展和保持竞技状态阶段。这一阶段的主要任务是进一步发展和保持竞技状态，并使运动员在参加重大比赛前，通过赛前调控和热身赛等手段，达到最佳竞技状态。第三阶段，竞技状态暂时消失阶段。此阶段中竞技状态暂时消失，运动员进入调整、恢复阶段，并为进入下一次竞技状态周期做好准备。

2. 训练调控理论

（1）超量恢复理论

①超量恢复的定义

在运动后的恢复过程中，被消耗的能源物质含量，不仅能恢复到原有水平，而且在一段时间内还出现超过原有水平的情况，叫超量恢复。

②超量恢复理论在调控中的作用

超量恢复是对未来重复进行较大运动负荷时能源物质再一次耗尽的一种预防性、保护性机制，是机体对运动负荷产生训练适应的第一阶段。它对训练调控具有重要的理论意义和实践意义。在运动训练中，这一理论已经得到广泛的运用。如间歇训练的间歇休息时间的掌握，就是根据恢复原理和规律，选择反应的时间，使间歇休息中，物质能量得到一定程度的恢复，既能保证刺激强度，又能为进一步运动提供物质保证。超量恢复也为肌糖原填充法提供了理论依据。通过糖原负荷法，即在比赛前1周进行衰竭性训练，随后3天进行高蛋白、高脂肪膳食，使肌糖原水平下降，同时提高肌糖原的活动，最后3天进行高糖膳食。在这一周时间内完成一定的运动量和强度，并注意减少或防止肌糖原的多余消耗，使肌糖原产生明显的超量恢复，从而大大提高运动员的竞技能力。

（2）应激性理论

①应激的定义

应激是人体对外部强负荷刺激（包括生理和心理刺激）的一种生理和心理的综合反应。它是指当有机体受到异常刺激时，身体就会引起一种紧张的心理状态。在运动训练中，运动负荷不可能始终停留在一个水平上，要想不断提高运动竞技能力，就要不断地提高运动负荷水平，打破机体对原有负荷的平衡状态，达到一个新的负荷水平。在稳定一段时间后，再增加负荷。如此循环往复，从而达到提高训练水平的目的，这是"超量负荷原理"，而这一原理的生理学基础就是应激学说。

②应激在训练调控中的作用

应激学说应用于运动训练中，不单是为了防御机体的衰竭过程发生，避免过度训练，更重要的在于对运动负荷后恢复期中如何改变酶的活性和细胞的通透性，从而对恢复过程进行调整，以加强合成代谢，加速适应的过程。因此，在运动训练中，不但要掌握应激过程中肾上腺皮质系统的活动，也要充分提高垂体性腺系在合成代谢中的机能，这是当前应激系统在运动训练中应用的发展。

运动应激提高人体机能的适应过程一般包括机体能源储备能力、机体调节能力和机体防御能力等。而运动应激的核心是激素调节，即由激素调节引起酶活性改变和机能储备提高，以及机体免疫能力提高等适应过程。

（3）恢复性理论

①身体机能恢复的异时性

在恢复过程中，恢复的各个阶段基本上是一致的，但在恢复的时间上却表现出明显的异时性特点，这种异时性对运动训练的安排与调控具有极为重要的作用。这种异时性主要表现在以下几个方面：

a.不同能源物质的恢复速度不同。篮球运动活动是以 ATP–CP 和乳酸系统为主。

b.不同器官的恢复速度不同。首先是大脑和神经中枢的恢复，其次是心血管系统的恢复，最后是肌肉和心理的恢复。

c.不同的运动负荷恢复的速度不同。负荷越大，恢复越慢，负荷强度比负荷量恢复得快。

d.不同训练水平的运动员恢复的速度不同。训练水平越高，恢复速度越快，反之越慢。

②恢复在调控中的作用

在运动训练中，运动活动之后的恢复过程具有时值不等现象，即机体各种机能的恢复和超量恢复不是同时发生的。根据恢复过程的规律，在运动训练实践中会出现两种不同的恢复类型。一种是完全恢复，指负荷后人体机能恢复到或超过原有水平时进行下一次训练。完全恢复用于下列训练过程：

a. 协调和注意力集中训练。

b. 最大力量训练。

c. 反应和速度训练。

d. 技术训练。

e. 比赛练习。

另一种是不完全恢复，指负荷后人体机能已大部分恢复，但尚未达到原有水平时进行下一次训练。不完全恢复用于下列训练过程：

a. 速度耐力训练。

b. 力量耐力训练。

c. 专项耐力训练。

d. 意志力训练。

（4）运动负荷训练理论

①运动训练负荷的特征

运动负荷是指运动训练中运动员有机体承受运动刺激并由此产生的机体内部生理效应和心理效应的一系列变化的应答过程。运动训练负荷的特征，是给运动员的负荷能冲击自身的"生理极限"，最大限度地挖掘其内在潜力。具体表现在以下几个方面：负荷水平的极限化、负荷量度的个体化、负荷内容的专门化、负荷内容的定向化、负荷水平的动态化。

②运动负荷的科学调控

运动负荷具有以下几个共同的特征：

a. 运动负荷内容的目的性与选择性。任何负荷结构都有一定的目的性和功能特点，根据训练任务和目的来选择。

b. 运动负荷调控的综合性。同一个总负荷可以由不同的量和强度组合而成。

c. 运动负荷的个体性。由于运动员的生理机能、素质、技术和战术要求的不同，他们所承受负荷的能力也不同，因而安排的运动负荷应具有明显的个体性特点。

d. 负荷量度的定量性与等级性。负荷的表示有两种方法，一种是以大、中、小等定性方式表示，另一种是以具体的定量方式表示。在训练中，为了提高负荷调控的精确性和科学性，越来越趋向各负荷量度的定量化。

e. 负荷的动态性。运动负荷是一个持续的过程，这与训练过程的持续性直接有关。

运动负荷表现出的动态性有以下几个特征：负荷的连续性与系统性、负荷的节奏性、负荷的周期性、负荷的可监控性。运动负荷的定量化特点表明了运动负荷的可监控性，训练计划中要求有反馈调控，所以必须确定各训练过程的监控指标与训练水平的评定指标，建立相应的负荷监测。

第二节　篮球教学模式

一、"三基型"教学模式

"三基型"教学模式的指导思想是注重为学生传授篮球的基础知识、基本技术和基本技能，并以此来达到增强学生素质和增长健身理论知识的教学目的。它的教学组织形式是以原行政教学班为主，不打乱班级而进行混合性授课方式。此类教学模式也有其突出的优点，能充分发挥教师的主导作用，使学生能够较为扎实地掌握篮球的"三基"，对促进教学规范化，培养学生意志品质和集体主义精神也能起到积极的作用。然而这种教学模式的弊端在教学过程中也是很明显的，如教学内容中有一部分与中小学篮球教学重复而缺少新意，教学过程规范但不免呆板，缺少灵活性和趣味性，且不利于学生的个性发展。

二、"一体化型"教学模式

"一体化型"教学模式的教学指导思想是注重增强学生体质，强化体育锻炼的习惯。具体的教学组织形式是把早操、课外体育活动与篮球课教学三者有机结合起来。这样的教学组织优点在于能促进篮球课教学和课外活动有力衔接，增强篮球课教学和练习的整体性、连贯性，有利于培养学生从事篮球锻炼的习惯和增强体质，也能使学校的场地和器材得到充分的利用，极大丰富了校园的体育文化生活。然而这种教学模式对课外体育活动所需场地和器材量很大，而且使得教学的工作量增加，因此学校必须投入大量的资金修建场地和场馆，以及需要引进更多的教师才能保证此种教学模式顺利实施。

三、"并列型"教学模式

"并列型"教学模式的教学指导思想是注重调动学生的积极性和培养学生的运动

能力，尊重学生的个体差异，因材施教，注重对篮球基础不同的学生区别对待，并兼顾学生的兴趣、爱好，满足不同篮球水平学生的需要，有利于调动学生的学习积极性。具体的组织形式是在一、二年级同时开设篮球基础课和篮球选修课。采用该教学模式的缺点是学习进度和难易程度不易掌握，教师备课工作量加大，对师资力量的要求较高。

四、"三段型"教学模式

"三段型"教学模式的指导思想是注重学生的篮球基础、篮球能力的提高以及利用篮球进行锻炼的习惯的培养。该模式具体的组织形式是将高校篮球课分为三段：一年级开设篮球选项课，二年级在此基础上加强和提高，三、四年级开设篮球选修课。这种模式的不足之处是在一年级区别对待不够；开设的层次多，对师资力量和场地、器材的要求高。

五、"分层次型"教学模式

"分层次型"教学模式的指导思想是注重遵循大学篮球课教学的基本规律，从学生的生理、体能和个性心理特征等实际情况出发。在总的教学指导下，建立多种教学组织形式，使学生有更多的选择余地，这有助于发展学生个性和创新能力，有利于形成生动活泼、主动学习的新局面，有利于培养学生锻炼健康意识和自学能力。具体的教学组织形式是根据学生的体能状况及篮球基础上的差异，按学生身体素质的综合评分和篮球运动能力划分教学层次班。这种教学模式能培养学生的竞争意识，为终身体育奠定基础。在学习目标、教材安排和教学方法上因班而异、区别对待，最大限度地调动学生的潜在能力。它打破了系（科）和专业界限，使学生在课上广交朋友、提高社交能力、自律能力和合作精神，为精神文明建设创造了一个相互学习与交流的良好的环境，为教师在教学过程中实现目标管理创造了一个有利条件。但同时带来的困难也是客观存在的，如各年级开班，管理起来很复杂，也很困难，而且对师资和场地条件要求很高。

六、"俱乐部制"教学模式

"俱乐部制"教学模式的指导思想是注重培养学生的篮球兴趣和提高学生的篮球运动能力，以及引导学生培养用篮球运动健身的终身体育意识。其组织形式是培养一年级新生学习篮球的主观能动性，考虑了不同学生的兴趣和爱好，有利于调动学生学习的自觉性和积极性。但这种教学模式对运动场地和设备要求很高,对师资和经济条件要求也较高,同时学生的经济负担也较大。

七、"三自主型"教学模式

"三自主型"教学模式的教学指导思想是注重培养学生的篮球兴趣和自由选择以突出个性发展。其组织形式:自主选择时间、自主选内容、自主选老师的教学模式。以"三自主型"形式开展教学能充分调动学生的积极性、能动性,给不同层次、不同类型、不同环境、不同需求的各类学生提供了一个良好的平台。但这种教学模式对学校的师资、器材、场地、观念等其他配套设施要求较高。

第三节 篮球训练理念与基本原则

一、篮球的训练理念

(一) 教育性训练理念

1. 内涵

从广义上来说,凡是有目的地增进人的知识技能,影响人的思想品德,增强人的体制的活动(有组织的或无组织的、系统的或零碎的)都是教育。它包括人们在家庭中、学校里、亲友间、社会上所受到的各种影响。就狭义而论,教育指专门组织的教育。它是根据一定社会现实和未来的需要,遵循年轻一代身体发展的规律,有目的、有计划、有组织地引导受教育者获得知识技能,陶冶思想品德,发展智力和体力的一种活动,以便把受教育者培养成适应一定社会的需要和促进社会发展的人。因而人类的教育不是像动物的"教育"那样仅仅让动物能够适应环境,而是让人能够发展自身,通过改造环境使人类一代比一代生活得更好、更自由。

从社会学和教育学的立场出发,任何事物都没有纯粹的或唯一的目标。就运动训练过程而言,它既包括训练过程又包括运动员的培养过程。在竞技运动训练中,一般的培养目标是根据竞技活动的特点具体化的,因此目标与运动成绩定向建立了直接联系。在达到这些目标的道路上总是追求更高远、更深层的目标,也就是通过达到优异的运动成绩发展运动员的精神能力和身体能力,促进自我证实和形成多方面完善的个性。

现代运动训练倡导在培养运动员竞技能力的过程中,同步对他们进行"文化"及"做人"的教育。因此,竞技教育与运动训练最终的目的是"育人夺标",即通过培养会做人、能竞技的运动员去夺得运动的锦标和实现人生的奋斗目标。所以,现代运动训练要标本兼治,既重视运动员的文化学习,同时将如何做人与运动训练统一起来,对运动员进行系统的教育。

篮球还是一项人们喜闻乐见的体育项目,它有很强的健身功能,同样它又具有较强的教育功能。受教育是人的基本权利,竞技体育也不应把提高运动成绩作为唯一目标。毕竟运动员的运动生涯只有短短的十几年,但在运动过程中受到教育对运动员的一生都有重要的影响。因此,在训练过程中应充分重视体育的教育功能,按照终身体育的教育思想促进运动员身心的全面发展。

教育性训练理念就是在运动训练的同时要重视和强调对运动员的文化的教育和素质的教育,使训练与教育相结合、相协调、相促进,最终达到训练和教育相融合的目的,以促进竞技运动的发展提高。教育性训练理念,其代表训练总体,规范所有运动队和运动员的教育与训练行为的理念,因而,这是一个宏观理念。

2. 教育性理念在篮球运动中的作用

(1) 运动员的文化教育直接关系着运动员的健康成长

篮球竞技运动是一种由教练员、运动员、管理人员和科技人员等共同参与、密切配合的训练与比赛的社会活动。这一活动伴随着世界文明的巨大发展而进入了知识信息时代。在这种情况下,作为运动训练主体的教练员和运动员的知识水准便成了竞技运动发展的瓶颈,导致竞技运动出现滞缓。在篮球运动的发展中,教练员在运动员培养中往往起着决定性的作用,他的知识水平决定着他的执教能力及训练操作能力。而由于篮球运动的特点,运动员文化素质的高低影响其对科学训练的理解,从而直接影响训练的质量和效果。

以往的篮球运动训练等竞技人才培养依靠单一的训练过程,过多强调的是身体素质、技战术修养、心理素质等,却轻视了对运动员文化和人文素质的培养,使得大部分运动员在激烈竞争的篮球训练和比赛中显得力不从心。造成这种现象的主要原因是在运动训练过程中缺乏运动员主体性的发挥以及对运动员文化素质的培养。

中国女排原总教练袁伟民和美国NCAA加利福尼亚大学洛杉矶分校的原教练约翰·伍顿及公牛队原总教练杰克逊之所以成为世界水平的教练员,不仅取决于他们有高水平的训练之道,更在于他们有非凡的、人性化的人文理念。如在袁伟民的《我的执教之道》、约翰·伍顿的《全力以赴》和杰克逊的《我的公牛王朝》三部专著中,都没有过多地论述如何打球，而研究的重心是如何教育人和管理人。他们在培养运动员的过程中，抓住本质的、规律性的东西，即篮球运动中的人、物的整合。当今，在培养高水平运动员的过程中，把运动训练与育人与教育有机结合已经成为共识。变革培养运动人才的思想及方式，在训练过程中应充分重视对运动员的文化教育及篮球运动的教育功能，强调训练与教育相融合，促进运动员身心的全面发展是时代赋予我们的历史使命。

加强运动员的文化教育，是保证运动员健康成长的重要基础。一方面要通过运动训练使他们成为优秀运动人才，另一方面还要通过文化教育使他们健康成人。

（2）文化素质教育是促进运动水平提高的智力保证

现代的篮球运动是一种十分复杂的运动形式，它不单单是体能和技能的较量，同时也是心智能力的较量。随着运动员年龄的增长，技术水平的不断提高，文化素养对运动员成绩的提高显得越来越重要。中、高级水平的运动员打球需要很强的篮球意识，而通常所说的篮球意识，就是运动员对篮球运动的正确理解所形成的篮球临场经验。经验主要来自两种渠道：一是自身经历的经验，二是前人经验的传授。自身经验需要分析、归纳、总结和提高，这需要文化，前辈经验的吸收、消化、理解同样需要文化，对篮球运动"真、善、美"的认识更需要文化。

接受教育是不断地积累"知识"，而"知识"是由信息经过处理、筛选、积淀而成的文化。篮球运动中"知"是指人对专业知识的了解，如篮球运动的基本规律的认识，对运动员的掌握程度，以及对对手的认识程度。而知识是谋略的基础，谋略是知识的具体实践应用的体现。"智慧"，是指辨析判断、发明创造的能力。知识的长期积累和生理功能处于最佳状态时就能产生较高的智慧。一般劳动主要靠知识，创造性劳动主要靠智慧。篮球运动员和教练员的"智慧"在篮球比赛中尤为重要。具有较高运动智能的竞技选手，对篮球运动的特点和规律有着较为深刻的把握，对篮球训练理念和方法也有更准确的认识，更能正确地理解教练员的训练意图，更好地配合教练员高质量地完成训练计划，从而提高运动员总体竞技能力。另外，具有较高运动智能的竞技选手，能够更为准确地把握运动战术的精髓和实质，在比赛中善于灵活机动地运用战术；善于动员和控制自己的心理活动，从而保证在竞技中更为出色地发挥已有的竞技水平，表现出更高的总体竞技能力。

随着社会的发展和篮球运动竞技水平的不断提高，知识的作用越来越突出。知识是创造性思维的基础，篮球运动是一项培养创造能力的活动。因此，篮球运动训练目的是要传授新知识，开发运动员的灵感思维，培养他们的创造能力。

当今的竞技篮球运动的体能和技能都已挖掘到近乎极限的水平，各种技术已发展到十分复杂的程度，比赛的激烈对抗与变幻莫测临场应变已使人应接不暇，如果运动员没有良好的知识水准、较高的心理素质是不足以适应当今竞技篮球运动的发展的。

因此，竞技运动在其目标设计中如不增加文化教育这一似乎与夺取金牌不大相干的非中心因素，文化教育作为一种素质标志就会反过来严重制约中心因素的发展。所以，运动员的文化教育直接影响着运动训练质量和效果，提高运动员的文化素质是竞技体育发展的现实需要，具有重大的现实意义。

（3）文化教育是培养运动员退役后的社会"通用尺度"

运动员的文化教育是体育事业健康持续发展的人才基础。由于竞技运动必然存在运动员进行二次职业选择问题，体育事业健康持续发展要求保证运动员"进、出"的渠道畅通。如果"出"的渠道不畅，"进"的渠道就会受影响。从长远来看，运动员的文化教育是至关重要的。如果运动员的文化教育和社会能力解决不好，也会使运动员长期处于不稳定状态。退役运动员没有出路，这一现象就会形成巨大的社会心理效应。所以说，加强运动员文化教育，提高运动员的文化素质会使体育事业持续发展有源源不断的人才支持，这将直接影响体育事业的可持续发展。因此，篮球运动训练在目标设计上就不能忽略文化教育。

（二）战略性训练理念

1. 内涵

战略性训练理念是运动训练发展过程中重大的、带有全局性、规律性的或决定全局的谋划。战略性训练理念的合理与否、先进与否，决定着本项目的发展方向、发展模式、发展水平。

青少年战略性训练理念是指在运动训练发展过程中，在青少年训练中对项目运动的本质、规律性的把握及长远发展所持的全面性、指导性、方向性和创新性的看法与判断。也就是在篮球项目发展中，要根据实际情况及青少年的身心发展规律制定确切的目标，要顺应篮球运动训练的发展趋势，要遵循竞技体育人才的培养发展规律，其最终目的是满足世代篮球人才的需求。

2. 理念基础

（1）篮球可持续发展的根基在于青少年

战略是指发展的策略和思路，篮球发展的根基来源于青少年，青少年是篮球发展的核心和基础，没有青少年篮球的发展就没有篮球运动的可持续性发展。因为只有青少年训练的理念正确了，训练的手段和方法才会正确。我们提倡的理念是，青少年篮球运动的提高与发展必须与教育、文化、经济和社会生活的发展相适应。因此，篮球运动训练应从青少年发展的战略性的角度出发,在篮球人才的培养过程中从长计议、打好基础、摒弃急功近利,且遵循篮球运动规律及青少年身心发展规律等全局性的理念,使篮球运动能全面、协调、持续地发展。

(2)青少年时期是世界观和人生观形成的重要时期

篮球运动有着其他项目不可比拟的对青少年的教育功能。这些项目是集体性项目,参与者在训练、比赛、生活中要与其他队员、对手和教练员发生各种形式的交流,这样在群体的相互影响下产生了相近的世界观、价值观和道德观。通过群体之间复杂关系的处理,形成了个人的思想道德标准、行为规范、社交策略和积极向上的世界观。

青少年是世界观和人生观形成的重要时期,我国部分梯队的青少年运动员年纪尚轻就进入了专业化的教育培养体系,因此,良好训练环境的营造和团队文化氛围的构建在青少年思想品德教育中具有重要的现实意义。对青少年运动员的思想品德教育要坚持以理想信念教育为核心,进行广泛深入的世界观、人生观和价值观教育,并以正确的理念对青少年进行训练。要坚持以爱国主义为重点,在青少年运动员中大力弘扬和培育民族精神和爱国情怀。引导青少年运动员树立科学发展和和谐发展的思想观念,正确处理自己与他人、个人与集体、个人与社会关系,培养青少年运动员良好的道德品质和文明行为,促进青少年运动员全面和谐发展。

(3)良好意识的形成是一个长期的过程

篮球比赛是在克服对手的对抗情况下去争取比赛优胜的,激烈的对抗可以培养青少年运动员正确的竞争意识和团队协作精神。与其他项目一样,篮球运动要求运动员进行长时间的艰苦训练,对人的意志品质有着磨炼作用。

此外,建立运动员的自信心,培养自我控制能力、注意力的稳定性、良好的沟通能力、角色的定位和责任感等这些重要的心理目标的体现是要经过长期的运动训练和磨炼才能获得,才能形成这种稳定的心理能力。优秀篮球运动员的这种稳定的心理能力与竞技能力是密切结合在一起的,脱离运动训练的心理训练很难在比赛中取得实际效果。

青少年的训练要有长久的目标,系统全面的培养,应持从长计议,摒弃急功近利的观念,打好基础且遵循篮球运动规律等全局性的理念,使他们得到身心的全面发展。包括人际交往的策略、面对失败与挫折的态度、准确的竞争观念等。我国篮球训练应着眼于青少年,从青少年开始投入人力、物力,端正训练理念,采用适于青少年心理与身体特点的科学训练方法,用现代的攻、防意识和简单、实用技术武装他们的心灵和身体,这是具有长远的战略意义的理念。

(三)人文操作性训练理念

1. 内涵

"人文"这个概念的出现是在14世纪到16世纪的欧洲文艺复兴运动。人们对"人文"的解释各有不同,但所呈现的价值是同质的,即"人"的内涵是使人成其为人的社会价值和目标的总和,而"文"的要义则是教化和造就人性的规范、制度以及各种文化现象。

人文的本质首先在于人文精神。人们通常把人文分为人文知识和人文精神。人文知识是人们对自身文化的一种了解,一种学问,是"知道";人文精神是对文化内在价值和意义的自觉,它通过人们的行动体现出来,是"体道"。所谓"体道"就是用自己的实际行动把自己所领会的文化之"道"体现出来。

体育的人文观,其核心就是要主动表现体育对人类生存意义及价值的终极关怀,回到以人为本的体育世界。体育人文观强调在体育的认识中倾注以人为本的人文精神,体育的生物观则在运动训练中强调对人的生物性效果上。在现代体育运动的发展中,应将传统的体育生物观与体育人文观结合起来,使其在实践中并存。

人文操纵性训练理念,是在整个篮球训练过程中,强调对运动员的尊严与独立的关注,对运动员的思想与道德(培养人性)关注,对运动员的权利的关注,对运动员生存状况与前途命运的关注等。

现代篮球运动应是通过篮球训练达到人生的"启蒙",由篮球训练升华到人格、人性,乃至人生"悟性"修炼,使篮球运动成为一种教育的工具。因此,在篮球运动训练中体现人文特征、运用人文操作性训练理念是达到全面培养人的目的重要手段之一。

2. 理念基础

(1)人的行为在于一个人的感知或信念体系

从人本主义的观点看,人文操纵之法就是教练员必须按照他们的信念体系和他们想要领导的运动员或人员的信念体系来认识领导工作。

(2)篮球运动是自然规律和价值规律的双重存在

当代运动训练要讲科学性,既要符合项目运动客观规律,也要受到善的理念的控制,不仅要善,而且要达到美的境界。也就是说,运动训练不仅要提高运动员的竞技能力,更要提升运动员的价值生命。也就是在重视竞技运动本身的研究,更强调对竞技运动主体——人的探索,将运动员与篮球运动的本质紧密结合起来,避免主体迷失和人性失落。

因此,篮球运动训练既要符合科学规律,又要在目标追求与实现的过程中符合人的价值规律,要体现人文特征,要将科学性与人文特征相结合、相统一,只有这样才能实现真与善的统一，进而达到理想的目的。

（3）人文凸显技术的灵动，摆脱"技术"对"人"的控制

运动训练是教育过程，教育就要触及人的灵魂深处，要尊重意愿、满足需要、培养兴趣，凸显自主、自信的主体精神，发展内在的动力。在体育教学中，教育者不仅注重一个动作怎么学，身体某一部位怎么练，而且关注学生能否得到自由、全面、和谐、可持续的发展。在竞技运动方面也是一样，奥林匹克运动不仅继续保留"更快、更高、更强"的格言，还提出"更干净、更人性、更团结"的新口号，昭示着当代奥林匹克运动将克服自身的顽疾，向更加纯洁、更加友善、更加具有人文色彩的方向发展。

为了摆脱"技术"对"人"的控制，倡导公平竞争，弘扬体育道德，培养人性，挖掘人的潜能，就要在篮球运动训练中强调人文（特征）操作，培养运动员的人文基础，在竞技运动领域内构建其特有的"精神家园"，即情感、责任感、态度、信念等，其对运动员的体能、技能、成绩、等物化的成分起决定性的作用。

（4）篮球运动蕴含人文精神

竞技体育是一种全世界共同遵守相同规则的活动。它要求公平、公正、公开地遵守"游戏规则"，平等地参与竞争。篮球竞技运动，虽然是以身体运动为主要形式，但本质上是运动员竞争意识的公平、公开、公正的较量。在相同的规则限制下，个人和运动队可以最大限度地表现和发挥能量，并从容接受不均等的胜负结果。

平等与参与、合作与竞争、循规与创新是篮球运动永恒的自然主题，其中蕴含的人文精神显而易见。因此，在篮球运动训练中，必须使人与竞技两者协调发展，既遵循篮球运动的本质、规律，又要符合人文特征。

因此，在运动训练过程中，任何时候都必须注意形成具有人文特征的训练环境与氛围，注入人文精神，体现人文特征，将人文精神渗透在运动训练中，最终贯穿于体育运动之中。在人文与科技的冲突中保持适当的张力，在两者的融合中使其水乳交融，体现对运动员训练条件、生活状况、身心状况等各方面的关爱与培养，提升运动员的价值尺度，挖掘其智能，发展和发挥其个性、风格和个人的创造力和想象力，从而促进竞技运动中的竞技、人、社会三者协调发展。

篮球运动训练中强调人文操作性的训练理念，是关注人与竞技篮球运动的本质之间的内在联系，是对运动员的一种终极关怀，即为求"善"。

（四）技术实践性训练理念

1. 内涵

自然辩证法对"技术概念"一词的定义是：技术是人们为了特定的目的所应用的

一种手段和方法。这种手段和方法包括物质手段如工具和设备，也包括知识、经验、技能以及组织形式等，这些客观的物质手段和主观的精神因素相互结合组合成一个技术系统。人们为了寻找达到某个技术目的新技术，就需要研究组成这个技术系统的各个要素，改变这个技术系统的结构，提高这个技术系统的整体功能。

在自然科学中，技术的客观物质手段与主观的精神因素是可以区分的，然而在体育活动中，引用"技术"这一概念对运动员的体育表现加以评定，就必须注意到体育运动本身的特殊性。即通过自身的身体练习来达到提高技术系统各要素的功能，从而表现个体的技术水平。在篮球运动中，运动员本身既具有技术的客观物质手段和主观的精神因素这两个方面，既是技术的主体又是技术的客体，具有双重性。作为技术的物质手段——客体，与主观的精神因素——主体是统一的。两者密不可分，离开了客体因素，主体因素就不存在，而没有了主体因素，客体也无意义。

根据自然科学对技术的定义，分析篮球运动中人所具有的技术也应该从客观的物质手段和主观的精神因素这两方面加以考察。本书的篮球技术实践性的训练理念主要是指在对篮球运动本身的客观规律的物质性的认识的基础上进行分析。

2. 理念基础

（1）技术实践性乃求"真"

篮球运动的技术实践性的训练要符合事物的客观规律，即符合篮球运动的本质特征及规律。在篮球运动训练中要运用篮球运动的本质特点和规律指导训练，力争做到实用、朴实和结合实际，符合事物的客观规律就是求真。训练符合比赛要求，训练的一切工作，包括训练的形式、内容、方法、手段和负荷等都要符合实战的要求。

（2）技术实践训练是从实战出发的基础

在篮球运动训练中，符合实战应是第一位的。篮球运动的技、战术训练最有效的方法是从实际出发和结合实际；对运动员来说，比赛练习的运用可以使运动员的实战能力提高更快，使运动员在比赛中出现更加放松的表现。要达到积极训练的目的，训练必须尽可能地与比赛的情况一致，最大限度地包括比赛过程中出现的所有因素，越近越好。

（3）技术实践性训练决定技术风格

比赛的风格取决于训练的方式，不同流派的技术风格源自不同的技术性训练理念和方法。

（五）各训练理念之间的关系

根据医学有关研究成果分析，运动员竞技能力的提高与培养过程应是一个完整的人的操作过程。过去人们偏重于从生物学的角度研究和培养运动员的竞技能力，这是不全面的。完整的竞技能力应以生物学、心理学和社会学为基础，并在此基础上从项目的客观运动规律、人文学和社会学的角度出发着手培养和提高运动员的竞技能力和运动成绩。

运动训练是体育教育的一部分，运动训练的最终目的是"育人夺标"，即通过篮球运动训练培养全面发展的运动员。篮球运动训练从技术层面切入，发展到身体层面，最终要在精神层面上发挥积极的作用与影响，是一个由低级到高级、由外层到内核的完整的结构。若只重视科学规律的训练就不能达到篮球运动教育的深层次，进而制约篮球运动技术水平的进一步提高，同时也使篮球运动的教育作用得不到完整的体现，如提升运动员的价值尺度、挖掘其潜能、发展和发挥其个性、培养其创造力和想象力等；若只重视教育性和人文特征的训练，那么技术和身体就得不到很好的表现，精神层面的体现失去了依托。

现代篮球运动的发展，对篮球运动员的各方面要求都很高，尤其是对运动员的内在心理品质和智能。在比赛中，运动员技战术水平的高低受其心力与外力的影响很大，我们应重视在建立教育与训练相融合思想的基础上，积极开发运动员富有人文精神的心力与外力的潜能，使他们掌握富有人性的绿色技术。运动员既是竞技运动的主体，又是社会的主体，是具有自然生命和文化生命的"人"，竞技运动需要人性化，需要人的文化教育，竞技中的"物力"（指体能、技战术）若求富有人性，那么它必须要与心力（知、情、意和个性等）和外力（环境——球员的精神状态、语言和行为，积极人际关系等）进行整合，即竞技运动中的人文与科技的整合。在运动中，运动员良好的竞技状态的是物力、心力与外力相互作用的结果。心力是外力对物力产生作用的中介，外力只有通过心力才能对物力产生作用。

对运动员进行系统文化教育与培养是竞技能力提高及育人夺标的基础，其对青少年训练理念和人文操作性理念起决定作用；青少年的训练理念也要以教育为基础，并结合青少年的身心发展规律；人文操作性理念对技术实践性理念的有效性起着关键的作用。以上各训练理念各具有不同的独特内涵，但它们是相互兼容、相互依存、相互支持，在整个运动训练中是不可缺少的。

二、篮球训练的基本原则

（一）自觉积极性原则

在篮球训练中贯彻自觉积极性原则，是指教师启发学生的学习自觉性，充分调动学生的学习积极性，使学习效果达到最佳。训练中贯彻自觉积极性原则，是由教与学的双边活动中学生是学习的主体这一因素决定的。要充分调动学生的学习主动性，引导他们积极思考，勇于探索，刻苦练习，自觉地掌握篮球理念和篮球技术、战术方法，提高他们观察问题、分析问题和解决问题的能力。

学习效果与学习的动机是紧密相连的。如果学生的学习目的不明确，学习动机不正确，就不可能自觉积极地学习，也不可能把这种自觉积极的学习状态长期保持下去。因此，明确学习目的是调动学生学习主动性的关键问题。

教师是训练的主导，启发和引导学生生动活泼地学习是教师的重要职责。在篮球训练中，教师要运用设疑、联想、比较、形象等方法，启发学生积极思维。篮球运动是一项对动作操作思维、战术思维和快速反应能力要求很高的运动，因此在训练中要以提高学生的运动能力和思维能力为核心。

教师通过对技术动作的生物力学和运动学分析，使学生掌握正确技术动作的概念和动作方法。根据篮球攻守对抗规律，使学生掌握技术运用和战术方法；通过比赛、裁判工作和组织竞赛等实践活动，调动学生的学习积极性，从而最大限度地发展他们的能力。兴趣是形成学习动机的重要因素，它可能是暂时的，也可能转化为长期的。篮球运动是一项趣味性较高的运动，我们要保护和进一步培养学生对篮球运动的兴趣，在训练中采取丰富多样的训练方法，使学生获得正确的篮球理念知识和运动方法，提高他们的运动水平，使学生对篮球运动的兴趣转化为热爱，从而使学习的积极性更高更持久。

在篮球训练中，建立平等的师生关系，创造一个生动和谐的训练环境也是很重要的。教师要成为班级训练活动中具有主导作用的一分子，平等对待学生，坚持正面教育和以表扬为主，发扬训练民主，宽严适度，尤其对基础较差的学生要倍加爱护和帮助，使每一个学生的学习潜力都得到发挥。

（二）循序渐进原则

循序渐进原则是指训练要按照学科的逻辑系统和学生的认知规律进行，由简单到复杂，由低级到高级，由单一向综合发展，使学生循序渐进地掌握基本知识、基本技术战术和基本技能，形成严密的逻辑思维体系。

从认识论的角度看，学习体育专业是一个特殊的认识过程，在这个过程中，学生的智力、能力和全面素养不断得到发展。这是一个渐进的过程，训练中必须遵循教育的规律、人体运动机能变化的规律、运动技能形成的规律和人体运动适应性的规律。因此，在安排训练内容、选择训练方法、确定运动负荷时，必须考虑学生的身心发展水平，训练进度由浅入深，运动负荷由小到大，要大、中、小相结合。

篮球训练中贯彻循序渐进原则，要注意训练内容的系统性。根据训练大纲的要求，安排好训练进度和课时计划，使训练进度符合篮球运动训练的规律，使课时计划既系统又综合，由易到难、由简到繁、从无对抗到有对抗，运动量逐渐增加。例如，移动是篮球运动的技术基础。在安排基本技术训练时，要先学习进攻移动，后学习防守移动。在此基础上再学习运球、传接球、投篮、持球突破、抢篮板球、防守等基本技术。只有全面地掌握了基本技术，才能学习战术基础配合和全队战术。

篮球训练中贯彻循序渐进原则，根据动作技能形成的规律，从认知定向阶段（泛化阶段）、巩固提高阶段（分化阶段）到熟练阶段（自动化阶段），都要依据动作技能形成的阶段性特点来组织训练。如在技术的初学阶段，要通过讲解、示范和试做，使学生建立动作概念、视觉表象和初步的运动感觉；通过不断练习使正确技术动作巩固下来，然后加大练习难度，使动作达到熟练并能在实战中运用。因此，训练中必须注意训练的阶段性特点，并针对不同阶段采取不同的训练方法。

篮球训练中贯彻循序渐进原则，还要注意合理安排运动负荷。疲劳是运动过程中必然要出现的。疲劳在技术训练中有其积极的意义，没有疲劳就没有超量恢复。没有超量恢复就不能提高健康水平和身体素质水平，也难以提高技术水平。但是，过度疲劳也同样不能达到促进健康、提高身体素质和技术水平的目的。因此，根据学生的身体状况、训练内容、场地、气候等综合因素来合理安排运动负荷，是完成篮球训练任务所必须注意的。

（三）直观性原则

直观性原则是指在篮球训练中利用学生的感官和已有经验，通过视觉、听觉和肌肉本体感觉，获得对篮球技术战术的生动表象和感觉，并使之与积极的思维相结合，从而掌握篮球技术、战术和技能，发展思维能力。

直观性原则是根据学生对事物认识的一般规律提出来的，感觉是认识的基础。在篮球训练中正确运用直观性原则，对于提高训练效果有重要的意义。

篮球训练中经常使用的直观训练方式有动作示范、沙盘演示、电影、录像、技战术图片等。

在篮球训练中贯彻直观性原则，要有明确的目的和要求，教师要根据训练的任务和教材的特点以及学生的情况，有目的地使用直观训练方法。如对低年级学生进行技术训练时，宜多使用动作示范、技术图片等。可以把学生的动作录像重放，与正确技术进行比较，以纠正学生的错误动作。对高年级学生进行战术训练时，宜用沙盘演示，或用生动形象的语言进行讲解。

训练中贯彻直观性原则还要充分利用学生的视觉、听觉和肌肉本体感觉,通过示范、电影、录像、图片等,使学生产生明晰的技术战术表象,激发学生的学习积极性。

直观有助于使学生形成正确的表象。这种表象只有与积极的思维相结合,与实践相结合,才能得到好的训练效果。因此,直观性训练要善于启发学生思维,并与技战术练习活动紧密结合起来。

(四) 实效性原则

在篮球训练中贯彻实效性原则,就是要从实际出发,根据学生的实际情况,紧紧抓住训练中的主要矛盾和矛盾的主要方面,解决训练中的重点和难点问题;提高训练的艺术性,教法要简单易行,讲求实际效果,在有限的训练时间内,达到既能使学生掌握知识技能,又能增强体质和提高能力的效果。

贯彻实效性原则,就是要用唯物辩证法指导训练工作。一切从实际出发,注重实际效果,不追求表面效应,力求全面准确地把握训练内容,深入地分析技术战术内涵,把握事物的本质,抓住关键,解决好难点和重点问题,带动一般性问题的解决。如在移动技术训练中,抓住了身体重心的控制和转移、维持身体在移动中平衡这个关键技术,其他移动方面的问题就不难解决。在投篮技术训练中,抓住投篮手法这个关键技术,可以带动投篮技术的学习。训练中贯彻实效性原则,就要不断研究改进训练方法。训练方法是实现训练目的、完成训练任务的手段。训练方法的优劣直接影响训练任务的完成和训练质量的高低。教师要深入研究教材和教法,充分利用现代化的训练手段,在技战术训练中,要精讲多练——"精讲"是在深入分析教材和学生实际的基础上实现的,"多练"就是要设计符合篮球运动特点和学生实际水平的练习方法,给学生更多的实践机会。

训练中贯彻实效性原则,就要经常调查研究,不断发现新问题,分析这些问题产生的原因,找出解决问题的方法。在课堂训练过程中,为适应学生的实际情况而临时改变训练方法和练习形式也是允许的。

第四节 篮球训练步骤与方法

一、篮球训练步骤

(一)技术训练的步骤

1. 单个技术训练

篮球技术是由大量的单个技术动作组成的,单个技术训练的目的主要在于掌握、提高单个技术的动作技能。

2. 组合技术训练

篮球组合技术,是指两个以上单个技术动作有机衔接所形成的各种特殊的技术群的总称。

3. 位置技术训练

篮球比赛中队员的位置分为中锋、前锋和后卫,不同位置的队员在比赛中承担着不同的职责和攻守任务。

4. 攻防技术的对抗训练

篮球技术训练的主要任务不仅是形成动作技能,更重要的是学会如何在比赛条件下运用已形成的动作技能达到一定的战术目的。

(二)战术训练的步骤

1. 基础战术配合训练

我们知道,在篮球的运动训练中,战术是多种多样的,但是每种战术都离不开基础的配合。基础的配合是全队攻防战术能够顺利进行的重要保障,我们只有掌握这些基础的动作和配合,才有可能保证战术顺利地实施,为发挥全队的战术体系做出应有的贡献。

2. 全队战术配合的衔接训练

在局部基础配合的训练有一定的基础之后,我们就可以接着进行战术配合的训练了。战术配合训练包括局部战术的衔接训练和全队战术配合的衔接训练。

(1)局部战术配合训练

有效地将局部的基础性训练进行组合,需要注意的是在进行局部战术配合训练的时候，一定要强调主次配合的衔接以及进行过程中的连接性和变化。

（2）全队战术配合衔接训练

在完成局部战术训练或者说有了一定的训练基础之后，所进行的全队完整战术训练，对于提高全队的行动统一性以及全队配合的合理性和攻击性有着不可忽视的作用。

3. 战术配合的综合应变训练

我们在掌握好两个或者两个以上的全队战术之后，还需要对战术的综合变化进行组合式的练习，进而提高我们运用战术的应变能力。在不断提高攻防转换能力的基础上进一步加强综合战术的运用。

4. 战术配合的比赛训练

检验战术成功与否的重要手段就是不断进行战术的比赛训练，这在一定意义上来讲是具有很大的对抗性的。通过不断的战术比赛训练，能够不断发现战术配合训练中存在的问题，进而去改进这些问题，最终提高队员的运用能力。

二、篮球训练基本方法

（一）重复训练法

重复训练是指这种训练方法在运动训练中是经常采用的基本练习方法，因为无论哪种技战术动作的掌握都必须经过反复的练习，才能运用自如。重复训练法是指在相对固定的条件下，教练员为有效地巩固提高运动员的机体机能和技战术动作质量按照一定的要求反复进行同一动作的一种练习方法。重复训练法主要由四个因素构成：重复训练的次数和组数、每次练习的强度、每组重复练习的距离和时间、每次（赛）练习之间的间歇时间。在做每一个或每一项具体练习时不宜对四个基本因素同时提出要求。

（二）比赛训练法

比赛训练法是通过比赛的方式进行训练的方法。这种训练方法是在接近比赛的条件下运用所学技战术动作，增强篮球运动意识，提高篮球运动素养的一种练习方法。运动员技战术动作的练习是通过比赛实践来体现的，任何技战术动作练习的成败都必须通过比赛来检验。通过比赛积累经验，既是篮球运动训练的必由之路，也是培养运动员迅速成长的重要环节。

(三) 间歇训练法

所谓间歇训练法是指在一次（组）练习之后，严格控制间歇时间，在身体未完全恢复的情况下就进行下一次练习的训练方法。间歇训练法在形式上与重复训练法类似，两者都是在经过一定的间歇时间后再进行下一次练习。不同的是间歇训练法每次重复练习之间的间歇时间有严格的规定，要在运动员身体未完全恢复的状态下就进行下一次的练习。而重复训练法则要在间歇时间里，使运动员在身体基本恢复的状态下才开始下一次练习。这是区分两种训练方法的关键所在。间歇训练每次重复练习的距离或负重量还可有一定的变化，但不能太大。而重复训练的距离或负重量则相对固定。

间歇训练法的构成因素主要有五个，分别是：每次练习的时间和距离、每次练习的负荷强度、每次重复的次数和组数、每次（组）练习的间歇时间、间歇时休息的方式。并且根据这五个因素，可以组成不同的间歇训练方案。

(四) 综合训练法

综合训练法顾名思义是指教练员针对训练所要解决的某些技术动作与实际运用脱节，练习与实践脱节等问题，将几种练习方法的特点有机地加以结合而形成的一种练习方法。这种练习方法可以提高运动员单位时间内的练习效率，提高运动员对技战术动作的运用能力和熟练程度，更好地培养战术意识。但需要注意的是在运用中教练员要以提高练习质量为目的，抓住关键环节，解决主要矛盾，合理设计和选择综合练习。

(五) 游戏训练法

游戏训练法是指教练员根据训练的需要，为了充分调动运动员的情绪，从而使训练能够达到最佳效果而采用的一种练习方法。游戏特别是篮球游戏作为一种训练手段，既适用于一般训练和专项训练，又适用于篮球技术、战术训练，同时还可作为身体训练和恢复手段加以运用。但运用游戏练习法时对游戏内容、形式的选择要有明确的目的，要根据训练的需要来安排和组织，游戏中要规定游戏规则，引导运动员运用已掌握的技战术动作进行练习。

第三章 篮球运动教学理论与发展

篮球教学是高校体育教学的重要内容,在高校中开展篮球教学活动,体育教师和学生都要认识与了解篮球运动教学相关的理论知识,为篮球教学活动的开展打下良好的基础。本章主要从篮球运动教学方法与内容、篮球运动教学模式、篮球运动教学发展对策与趋势进行探讨。

第一节 篮球运动教学方法与内容

一、篮球运动教学的方法

篮球教学是教师组织学生进行篮球运动实践的特殊的教育认知过程。通过篮球教学过程对学生实施全面的素质教育,使学生更深入了解篮球运动的相关知识,掌握篮球运动的方法和技能,进而把篮球运动作为终身体育锻炼、增进健康的方法手段。然而这一特殊的认识过程本身又有其固有的规律,篮球教学只有遵循这些基本规律,才能达到理想的效果。

教学方法是指在教学过程中,教师和学生为实现教学目的、完成教学任务而采取的教与学相互作用的活动方式,是教学过程整体结构中的一个重要组成部分。

(一)动作练习法

动作练习法是体育教学中特有的基本方法,又称身体练习法。学生掌握动作技术、技能,锻炼身体,增强体质,都需要反复练习来实现。所以,动作练习法对实现高中篮球专项教学目标具有重要的意义。篮球教学中常用的动作练习法主要有重复法、变换法、持续法、间歇法、循环法等。

1.重复法

重复法是根据练习的需要,在相对稳定的环境下,对一种练习进行反复操作。固定的条件有训练的场地和器材、动作的结构以及运动负荷数据等。此法的特点是练习的条件固定并反复进行练习，对于练习的间隔时间没有严格的规定。重复法的主要作用是有利于学生在反复的练习中掌握和巩固动作技术，对体能的发展和提高与意志品质的培养和促进是非常有利的。因此，重复法通常在掌握动作技术、技能和发展各种身体素质时采用。

2. 变换法

变换法是根据练习的需要，在变换的条件下进行练习的方法。变换的条件通常有动作内容、形式、组合结构、运动负荷的表面数据以及环境、设备等。变换法的特点是练习条件的变换。因此，它可以有效地提高学生中枢神经系统和身体各器官系统间的协调能力，对环境和负荷的适应能力以及练习的积极性和运动技术水平。运用变换法的注意事项：①根据特定需要选择和安排变换的条件，变换什么条件要根据实际需要有针对性地安排，如在改进提高运动技术时一般改变技术要素，在提高应用能力时一般改变环境和条件因素；②对变换的条件和内容要做出明确的要求和限定；③用于发展学生体能时，要使运动负荷符合练习的要求以及学生的负荷承受能力；④运用变换法练习时应注意对正确动作的干扰，防止动作错误的产生。

3. 持续法

持续法是在相对较长的时间内，用相对稳定的强度，不间歇地连续进行练习的一种方法。持续法的特点是练习时间相对较长，一次练习的量较大，强度相对较稳定。因此，运用持续法可使学生心血管系统和呼吸系统的机能得到稳步的提高。运用持续法时应注意的事项：①因人而异，控制好负荷强度。在体育教学中，要依据不同教材、季节气候和学生的体质妥善安排运动负荷。如果练习强度较大，就要缩短练习时间，而当延长练习时间时，练习强度就不能太大。②加强医务监督。教师在教学中要善于观察学生练习时所产生的生理、心理反应，及时进行调整。③加强思想教育。由于持续法较枯燥，因此，教学中除广泛采用多种练习组织形式外，应不失时机地向学生进行吃苦耐劳、坚忍不拔的意志品质教育。④培养学生自练、自控的能力。教学中应向学生传授持续法的基本知识及控制与调节运动负荷的方法，使学生自觉而科学地参与练习。

4. 间歇法

间歇法是在一次（组）练习之后，严格控制间歇时间，在机体未完全恢复的情况下又进行下一次练习的方法。间歇法由每次练习的时间和距离、练习重复的次数和组数、每次练习的负荷强度、每次（组）练习的间歇时间和间歇时的休息方式等五大要素构成。根据这五大要素，可组成不同的间歇练习方案。间歇法的主要特点是每次练习间有间歇，但必须控制间歇时间和休息方式。即机体还没有恢复，就要进行练习且要采用积极休息方式。因此，间歇法能有效地提高练习者呼吸系统和心血管系统的机能。由于间歇法对机体的影响较大，所以，应注意总负荷和局部负荷的安排和控制。

5. 循环法

循环法是教师根据教学要求，选择若干练习或动作，分设若干作业点，要求学生在每个作业点上完成规定的练习内容和任务，然后转到下一个作业点去，依次完成全部作业点练习。做完一轮可再重复下一轮练习。

循环法既是一种练习方法，又是一种教学组织形式。它的主要特点是能有效地增大练习密度和运动负荷。同时循环法采用的练习大都是学生已基本掌握的、简单易行的，并具有一定针对性。所以，循环法大多用于发展学生的身体素质和机体机能能力，也可用来巩固提高某项主要教材的学习。

（二）学习指导法

1. 语言法

语言法是运用各种形式的语言指导学生学习的方法。在篮球教学中，语言法的正确使用对顺利完成教学目标，提高教学效能有重要的意义。首先能使学生明确学习目标、激发学习动机、实现师生互动；其次可启发学生学习的积极思维，加深对教材的理解；同时，还有利于培养其分析问题和解决问题的能力。篮球教学中常用的语言法的形式主要有：讲解、口令和指示、口头评定、口头汇报、默念和自我暗示。

（1）讲解语言法。讲解是指在篮球教学中，教师用语言向学生说明教学目标、动作名称、作用、动作要领、方法、要求，以指导学生进行学习的一种方法。讲解是篮球教学中运用语言法的一种最主要、最普遍的形式。

篮球教学中讲解的要求：①讲解目的明确并具有教育性。根据教学的具体目标、内容、要求、教学进程以及学生的实际，有的放矢地进行讲解。②讲解要生动形象、简明易懂。讲解时要正确使用体育专业术语，广泛采用比喻、口诀、概要等形式生动形象地进行讲解。要注意突出教学的重点、难点、关键，要口齿清楚、用词贴切，层次分明并符合学生的程度。③讲解要富有启发性。讲解时教师要善于设问质疑。可通过提问、引导、联想等方式使学生积极思维，使学生看、听、想、练有机地结合，以取得良好的讲解效果。④讲解要注意时机和效果。不同的教学阶段、不同的学生、不同的教材，讲解的方式和时机有所不同。例如课的开始，教师宣布教学目标、内容时，语言要精练、果断；在分析动作要领时，对技术的重点、难点可通过手势、语气以及语调的变化，加以强化。

⑤注意精讲多练。在教学过程中应根据实际需要判断和运用讲解，该讲则讲，能少讲不多讲，把更多的时间留给学生自己主动地去学习、练习和体验。这就要求教师除了抓住重点和关键以外，还要放手让学生自己去探索和尝试。

（2）口令和指示。口令和指示是教师以最简明的语言，以命令的方式指导学生学练的一种语言法形式。如在队伍的调动、队形的变换时经常采用口令和指示。教师在运用口令指示时，要声音洪亮、节奏分明、发音准确有力。

（3）口头评定。口头评定是指教师根据教学目标和要求，以简明的语言评价学生学练效果、成绩和行为的一种语言法形式。例如学生在练习过程中或练习之后，教师的"很好""有进步"等一句话评价。这种口头评定有利于激发学生的学习兴趣，使学生及时了解自己的不足，提高学习效率。教师在运用此法评价学生时，要准确及时，以鼓励为主，并注意指出学生的主要缺点和不足。

（4）口头汇报。口头汇报是指教师要求学生根据教学的要求和自己对动作学习的体验，简要分析说明自己见解的一种语言法形式。这也是促使师生信息交流，启迪学生积极思维，培养和提高学生表达能力、自我分析和评价能力的一种有效的方法。

（5）默念和自我暗示。默念和自我暗示是指学生在练习中，通过指示性的默念字句，暗示自己努力做好动作的一种无声的语言法形式。默念和自我暗示可以在头脑中激起有意识的活动，提高对动作技术的深入理解，并可针对自己存在的问题，抓住关键，有助于纠正错误动作，回忆教学进程。

2. 直观法

直观法是指在篮球教学中教师通过实际的演示或外力帮助，借助学生的视觉、听觉、触觉和本体感觉器官来直接感知动作的教学方法。常用的直观方式主要有动作示范、教具和模型的演示、视频影像、助力和阻力、定向和领先以及一些条件诱导等。

第一，动作示范是指以自身的动作示范给学生观摩，指导学生进行学习的一种方法。动作示范主要分为正面示范、侧面示范、背面示范、镜面示范以及完整示范、局部示范，还有常规示范、慢速示范、静止示范等。

第二，教具和模型的演示是通过挂图、图表、照片、模型等直观教具所进行的一种直观的再现动作的方式。当动作技术较复杂，动作示范难以充分显示动作的结构、过程、细节、时间与特征时，可借助于教具和模型的演示。教师要根据教学的实际需要选择、使用教具、模型，并注意演示的程序、时机，以提高教具模型演示的直观效果。

第三，视频影像是利用电影、电视和录像等现代化的电化教学手段进行直观教学。借助于电化教学的视听工具可以完整地、准确地再现和重复动作，对一些复杂的动作还可调控速度或暂停进行分析。这对于激发学生的兴趣，启发其思维并加深对问题的理解具有显著功效。

第四，条件诱导与限制是以某种条件为诱因或限制，以达到直观目的。篮球教学中的条件诱导与限制的形式很多，如助力、阻力、定向和领先等形式。

助力和阻力是借助外力，或对抗的阻碍与限制，使学生通过触觉和肌肉本体感觉，体验正确用力时机、大小，辨别动作的时间、空间特点，以直接体会动作的要领。

定向是以具体的或形象的方向标志物，给学生指示动作的方向、幅度、轨迹和用力点。

领先主要是利用超前的信号和某种视听手段，对学生进行刺激或引导，以利于完成某一动作的直观方法。

3. 分解法

分解法是把整套动作具体细化为几个部分（或段落），然后逐个动作进行学习，从而达到全部掌握的一种教学方法。

分解法教学的优点是可简化教学过程，缩短教学时间，把复杂的动作经过分解后可以提高学生学习的信心，尽快掌握动作。分解法的缺点是使用不当易使动作割裂，破坏动作的技术结构，影响动作技能的形式。分解法通常适用于动作相对复杂而用完整法学习又不易掌握，或动作的某些部分需要加强学习等情况。

4. 预防与矫正错误法

学生在学习掌握动作技术时，出现错误动作是正常现象，动作失误也是训练过程中避免不了的。教师要采取合理有效的措施，及时给予预防和矫正，否则就易形成错误的动力定型。因此，教学过程中必须采取有效的措施，对学生出现的各种错误进行预防和矫正。

为了有效地预防和矫正错误，先要分析产生错误的原因。通常情况下，错误动作产生的原因是多种多样的，概括起来有如下几个方面：

首先，学生因素。主要是学生学习目标不明确，积极性不高，怕苦、怕累、怕受伤，缺乏信心，有畏难情绪。学生对所学动作技术的概念、动作要领和方法不清楚，或因受旧技能的干扰等，学生的身体素质和运动能力没达到相应的水平。

其次，教师组织教法因素。主要是所选教材内容不符合学生的实际水平，教学安排缺乏系统性，组织教法不当等。

最后，教学的外部环境与条件因素。主要是场地、器材设备等教学条件和周围环境与季节气候的影响等。

针对上述产生错误的主要原因，教师要分别采用相应的方法进行预防和矫正。如通过分解法解决复杂技术问题，通过诱导性练习以及转移性练习等手段消除学生的紧张情绪；加强基本技术的教学，全面发展学生的身体素质等。

学生错误动作矫正的快慢往往与教师的指导有密切关系，要充分发挥教师在教学过程中的主导地位，对症下药，有的放矢，耐心细致。把预防与矫正错误法贯彻于篮球教学整个过程之中。

（三）一般教育法

在篮球教学过程中，要做到有计划、有意识地对学生实施思想教育，有利于培养其积极进取、团结互助、坚韧不拔的优良品格，也是篮球专项教学的基本任务之一。对学生实施思想教育，发展学生个性的方法很多，其中最基本的方法有：表扬法、批评法、说服法、榜样法与评比法。不论用哪种方法，不能脱离篮球教学的特点，要围绕篮球教学活动和篮球教学内容本身所包含或承载的教育因素进行。

1. 表扬法

表扬法是对学生的优良思想行为做出肯定评价，以达到强化教育效果的一种教育方法。表扬能增强学生的自信心和自尊心，鼓励学生不断上进，并创设一种蓬勃向上的良好氛围。篮球教学中的表扬法可通过口头称赞、点头、微笑、鼓掌等方式表达。运用时应注意：①表扬要及时。教师要善于捕捉学生身上的"闪光点"，不失时机地给以肯定和鼓励，尤其对于后进的学生，更应给以及时表扬，以增强其上进心和自尊心。②表扬要适当。教师对于学生的表扬要实事求是，不要过分夸大。③表扬时要适当指出缺点和不足。

2. 批评法

批评法是对学生的不良行为做出否定的评价，用以克服和改正其缺点错误的一种教育方法。批评能使学生认识到自己存在的不足，明确标准，从而尽快地改正错误。篮球教学中可通过当众批评、个别批评、表情、眼神、手势等方式表达。运用时应注意：①批评学生要从爱护的角度出发。通过批评要使学生明白错在哪里，为什么错，有何危害，如何改正，以使其尽快改正错误。②批评要使学生心悦诚服。教师在批评学生前一定要深入调查情况，弄清事实，有理有节。③批评要注重方式。青少年学生的自尊心较强，最好以表情、眼神及个别批评的方式进行，尽量不要采用当众批评的方式，更不应该采用体罚等极端手段。

3. 说服法

说服法是通过摆事实、讲道理等说教来影响学生言行的一种方法。篮球教学中的说服法通常采用讲解、座谈、讨论、谈话等方式。运用时应注意：①说教时应观点明确，联系实际，符合学生特点。②运用座谈或讨论方式教学时，教师应注意启发诱导，鼓励学生广泛发言，并对问题及时总结。③要注意以事实为依据，以道理做引导，热情耐心地实施教育。

4. 榜样法

榜样法是以模范行为、先进事例等来对学生进行鼓励、教育的一种方法。由于青少年学生可塑性大、模仿性强，所以，榜样对其有很大的感召力。运用时应注意：①篮球教师要以身示教。教师要通过自己的言行举止、教态、修养对学生进行潜移默化的影响，以发挥教师的楷模作用。②教学中要善于树立典范。教师要不失时机地表扬先进，树立典型，使学生学有榜样。③运用榜样法时，应实事求是，切忌把榜样特殊化。

5. 评比法

评比法是利用竞赛、检查、评估等方式在篮球教学中对学生的表现、行为进行比较评价，以鼓励先进，激励后进的一种教育方法。青少年学生好胜心较强，运用评比法可在学生中形成一种你追我赶的竞争氛围，能起到良好的激励作用。教学中进行竞赛评比的内容很多，既可在班与班之间进行，也可在小组或个人之间进行；既可进行组织纪律性评比，也可进行贯彻执行教学常规的评比或行为表现评比等。此外，还可根据情况进行优秀体育班级、优秀体育小组、优秀体育骨干和体育积极分子的评比活动。运用时应注意：①评比要有明确的目的。评比是一种教育手段而不是目的。要通过评比起到一定的宣传教育作用。所以，运用评比法时，对于评什么、怎样评、达到什么预期结果等均要有具体的操作计划。②评比要有明确、具体的条件和标准，要利于学生公平竞争。③评比时，要发扬民主，让大家充分发表意见。④评比的结果要及时公布和总结，以扩大评比的影响。

篮球专项教学的各种教学方法，在教学实践中常常是结合运用，共同完成教学目标的。任何一种教学方法都不可能是万能的，教师应不断地总结教学实践经验，从实际出发，灵活地运用各种教学方法。

二、篮球运动的教学内容

我国主要以教学对象的层次及其目标作为依据，来对高校教学内容进行选择。

（一）理论知识

对大学生学习篮球技能与进行篮球活动实践来讲，高校的篮球理论知识的教学具有重要的指导作用。

我国高校篮球运动教学，到目前为止已经形成了比较完善的理论知识体系，其具体内容为：篮球竞赛的组织、规则与裁判法，以及教学训练的理论和技战术分析等。通常情况下，经过学习之后，学生都能够熟练地掌握这些理论知识。

（二）战术配合

战术配合是高校篮球教学中很重要的一项内容，之所以会这样，是因为特定的战术布阵是此项运动集体对抗所形成的主要形式。另外，在篮球运动竞赛中，战术阵势与战术配合是重要特征之一。

在高校篮球实践教学中，全队培养及两三人的基础配合，是篮球配合教学的主要内容，而且在教学过程当中，教师需要达到两点要求，具体如下。

第一，应通过合理、有效的方法，来让学生认识与了解人与球移动的攻击点、路线、运用时机及其变化等内容。

第二，应当重视学生的战术配合与协作意识的培养，这样才能让他们在实战中做到配合默契、灵活。

（三）技术动作

技术动作是运动技能中最基础的内容，技术动作的内容有技术动作方法、动作要领、规格及运用等。教师在教学过程中需要重视示范动作的规范性，这样才能让学生形成正确的技术动作定型，并为之后的教学活动奠定基础。

第二节　篮球运动教学模式

一、分层次教学模式

（一）分层次教学模式的基本原则

1. 主体性原则

教育教学的主体应该是学生，而教师应该是学生的辅导者与引路人，并且要将不同层次的学生当作教学的主体，并以此为基础，设计出不同层次的学案，组织不同的教学过程，进而培养出不同层次的参与意识、创造意识与主体意识。

2. 因材施教原则

分层次教学遵循与适用因材施教原则，一方面，这一原则是现代教学论的一项核心原则；另一方面，也是教学过程当中个体差异的教学原则与策略。

因材施教包括三个方面的含义，具体如下：

第一，教师需要对学生的个性特点、学习能力与学习情况等方面的差异都有了解与把握。

第二，教师要以不同学生的实际情况为依据，来组织教学活动。

第三，在教学过程当中，教师需要面向全体学生，这样才能使所有学生都得到全面发展，并学有所长。

3. 创造性原则

创造性原则包含以下两层含义：

（1）教师应创造性地教。教师应当以学生的层次共性以及具体的教学内容为依据，并以培养学生创造力与终身学习能力为目的，进行创造性的教学。

（2）教师要启发学生创造性地学。在学习过程当中，教师应当将个体的差异性体现出来，或者是以培养学生独立探索思考的精神与能力为主。需要明确的是，创造性的学习，强调的是过程的创造性，而不是结果的。分层教学模式提供了进行创造性教学的模式依托，并且使这一过程具有了实践性与可操作性。

总而言之，分层次教学模式，就是一种全面贯彻教育方针，培养创新人才的有效载体，并且摒弃那种刻板地培养学生的方式。这种教学模式以承认学生在教学中的主体性以及个体差异性为前提，来促进全体学生的发展，并做到"分而未分，和而不合"，充分体现出了个性与层次，并使学生的潜能充分地挖掘出来，而且十分重视学生终身学习能力的发展与培养，切实将学生的整体素质提高。

4. 团结协作原则

教师以一己之力完成培养学生的任务是不可能的，需要有其他教师的相互协作与配合才能完成，有时甚至还需要社会与家长的配合与支持。由于有内部分层，分层交叉教学模式使得教师之间的团结协作显得更加重要。同时，家长与社会对这一模式的理解，也对分层次教学的顺利启动有很大的影响。

5. 正视矛盾并促使矛盾转化的原则

学生在学习、运动、思想等方面的差异，是在他们的教育、天赋、环境的共同作用下逐渐形成的，是一个长期的过程。因此，教师需要循序渐进地进行教育，这样才有利于学生对知识的掌握。当然，学生的各种成绩并不一定是一直持续提高的，而是会出现反复的现象，此时，就需要利用分层次教学模式来让教师持续地分析与观察学生，并及时给予指导与强化，最终让学生真正地掌握知识与篮球的各种技、战术。

(二) 分层次教学模式的课程形式

1. 篮球教学专修理论课

篮球理论知识的教学方法有很多,比如专题作业和讨论相结合的方式,课堂与讨论相结合的方式,以及电化教学(录像、电影、图片等)等这种直观教学方式。

一般情况下,篮球理论知识主要的教学手段为教师所进行的课堂讲授,所以要求体育教师对篮球理论知识做到熟练掌握、融会贯通、思路清晰,并且能够以知识内容的层次为依据,重点指导学生,并要求他们完成课前预习。在讲课的过程当中,要通过提问的方式来了解学生的理解与接受能力,这样会更便于反馈与改进教学。在课后,教师要有针对性地安排作业,批改作业,与此同时,还要及时让学生知道自己的作业完成情况。除此之外,体育教师还要注意引导学生关注中外篮球的发展状态,并引导他们结合国内外文化发展状况来对篮球这项运动进行论述,从而使学生对篮球能够有一个系统的了解。

2. 篮球教学选修实践课

篮球选修课教学模式以实践课为主,教师会采用讲解与示范、比赛、自学、练习等方式完成教学。篮球教学作为一项运动,其能力的培养应当采用布置作业、座谈、课堂提问、评论等方式完成。需要注意的是,无论是采用何种方式,在整个篮球教学活动过程当中,应当以现代教学理论作为指导,与此同时,还要全面贯彻素质教学的思想。只有这样,才能在教学的各个环节当中体现出能力的培养。

(三) 分层次教学模式的显著特点

分层次教学源于大工业时代的传统集体授课制,相对来讲,其教育内容比较单一、稳定,而知识体系多是以继承前人的知识为中心,并将知识的记忆与复现当作教育的基本目标。

将几十个人集中在一起,进行有目的、有计划的知识传授,就能够使学习效率显著提升,并使迅速普及知识的目标实现,此后,逐渐演变成了如今的班级授课制。

班级授课制作为前人积累、传授与继承知识的重要场所,培养出了很多社会所需的人才,一直以来,都为创造与继承灿烂的人类文明做出了很大的贡献。

时至今日,虽然继承与积累知识依旧是,并且永远是人类进步的基础。另外,知识的继承与积累也是知识创新与社会进步的源头。但是,在 21 世纪更重要的是培养学生的终身学习能力。人们并不需要推翻过去的传统教育思想以及作为科技传播载体的班级授课制,因为这一制度还是有长处的,但人们也必须要跟上 21 世纪知识迅速更新的脚步。在这种情况下,人们就需要在维持现行班级授课制的基础上,创设一种新的教学模式，即分层次教学模式。

与现行班级授课制的班级相比，分层次教学模式最显著的特征包括：

1. 引进良性竞争机制

针对传统班级授课制班级阶段内不变的弱点，引入了良性竞争流动机制，这种机制能够培养学生的实践与创新能力，还能够使不同层次的学生都有展示自我的舞台与机会。无论以哪一种标准分班，在分班之后，都一定会因为各种各样的原因（包括内因与外因）而分化出不同层次与需要的隐形层次。

创造实际上就是把不可能变为可能的过程，与此同时，也是一种打破先例的活动。分层次教学模式就是一种创造性的教学模式，其将学习情况、能力、态度以及兴趣爱好等方面都比较接近的同学集中在一起，从而使他们产生一种"惺惺相惜"的亲和力，并从中找到不足与自信，进而产生展示自我的冲动，并主动参与到教学活动当中，最终，将"教、学、做"的合一真正地实现。角色改变所带来的激动情绪激发出了他们超过自身智商的情商，而这会使他们的创造性思维与创造力在实践中得到开发。

分层次教学模式中的既公平，又严格的良性竞争机制，使得学生的心能够紧紧贴合在一起，使学生的精力能够被吸引到集体活动与学习当中，这对班风、校风与学风都会产生一定的积极影响。可以说，在实行分层次教学模式之前，学生是在教师与家长的要求之下被动地学习的，而在良性竞争的机制下，学生逐渐变成了真正意义的主动学习。

2. 班级"合而不合、分而未分"

班级"合而不合、分而未分"指的是，分层法对原有班级先按照综合素质（包含确定分层教学的学科成绩）进行分层，然后对同一个教师教学的两个平衡班进行归级重组，最后再交叉上课。这种教学方式在上完分层次教学科目的课程之后，其余课程则需要回到原班级上课。这样的话，原班级在大体上并未改变，但是，在不变中又有变化，因而，就能够最大限度地照顾不同层次的学生需要，做到有的放矢，区别对待。进而，让不同层次的学生，通过不同的方法与途径，将自己的篮球潜能最大限度地开发出来，并引发他们的实践欲与创造力。

二、启发式教学模式

（一）启发式教学模式的理论基础

1. 认知理论

（1）加涅的信息加工认知学习论

加涅的理论认为，教学即为教师以学生的自身学习条件为依据，创造、设计某些适合学生学习的外部条件，让他们能够进行有效的学习，并将预期的教学目标实现。另外，在教和学的关系方面，教师的教是在学生的学的基础上建立的。

在现代启发式教学方法中，教师需要在充分了解学生原来认识水平的基础上完成教学，这样才能更好地激发出学生学习的热情，才能获得更好的教学效果。另外，还要重视学生学习能力的培养。

（2）布鲁纳"认知发现说"

布鲁纳的观点认为：学习的本质，并不是被动地形成刺激反应的联结，而是主动地形成认知结构。

对学习者来讲，应当主动地获取各种知识，而且要将所获知识和本身已经具备的知识结合在一起，并在脑海当中形成一个框架，积极地建立起属于自己的知识体系，而不应该是被动地接受知识。

布鲁纳认为，教学指的是教师将知识转换成为一种以表征系统作为发展顺序，让学生自主地发现学习，让学生自己整理就绪，并成为学习的发现者。

现代启发论认为，学生才是教学环境的主人，才是教学的主体，因此，想要创造一个优秀的教学环境，就必须要有学生积极的支持、配合与合作。

（3）维特罗克"生成学习论"

维特罗克是在信息加工心理学的相关研究的基础之上得出的人类学习的生成模式。

2. 人本主义理论

"以学生为中心"是人本主义教育心理学的核心，其注重学生能力的发挥，也尽力做到让学生自由、愉悦地学习。

人本主义认为，在面对学生时应给予充分的理解与尊重，并且要让他们在快乐、自由的氛围当中完成学习任务，另外，还要将学生的学习积极性充分地激发出来，不赞同强制性学习。当然，人本主义也不是完美的，其对人的综合、整体的全面发展不够重视，而对智育则过于重视。

对于人本主义，教师可"取其精华，去其糟粕"，争取成为一名促进学生学习的合作者、促进者以及引导者。

（二）启发式教学模式的目的与过程

在将教师主导作用充分发挥出来的前提下，以学生的认知规律，以及本学科的规律为依据，将学生的求知欲望激发出来，并将他们的积极性调动起来，从而让学生最大限度获得技能与知识的一种方法，被称为启发式教学。

将学生学习的积极性、主动性调动起来，发展他们的综合能力与素质，为这一教学方法最主要的特点。

1. 启发式教学目的

将学生的能动性、创造性与主动性淋漓尽致地发挥出来，使学生学习的兴趣显著提升，让他们获得全面发展，养成自主学习的好习惯，为启发式教学的目的。

在高校篮球教学当中应用这种教学模式的目的在于，将学生在学习过程当中的主体地位发挥出来，让他们学习篮球的积极性被激发出来，进而做到全面、灵活、熟练掌握各种篮球技巧。

2. 启发式教学过程

启发式教学的过程，一方面是灵活多变的，另一方面是统一协调的。另外，教师应结合自身创设的情景与学生自己发现问题来完成教学。

启发式教学的基本要求有以下两点。

第一，要对学生收敛性思维与发散性思维的培养给予充分的重视。

第二，要对全面发展非智力因素以及智力因素都给予充分重视。

三、"掌握学习"的教学模式

"掌握学习"理论的出发点是人人都能学习。通过集体授课的形式，"掌握学习"的教学模式对学生进行有针对性的教学，尽量保证每个学生都能够完成每个篮球学习单元的目标，达到预期的教学成效。除此之外，"掌握学习"理念的价值还在于能够帮助学生寻找到方法，提供合适的教学帮助，学生可以减少掌握一些知识所需的时间，从而增加学生的学习兴趣。

（一）"掌握学习"教学模式理论基础

在传统的教学模式中，教学成效的评估通常都是根据学生的成绩进行的，这样一来就会出现老师下意识地产生一些错误的观点。例如，一个班里，有学得好的学生就一定会有学得不怎么好的学生，这是正常的现象。最终老师就只把注意力集中于学得好的学生身上，而忽略了那些学得一般或者不怎么好的学生，导致那些学得一般的学生最后由于跟不上老师的教学进程，缺少老师的个别指导而半途放弃，失去了对于学习的兴趣。在布鲁姆看来，每个人的学习能力都是与生俱来的，在很多方面表现出来的差异都源自后天的人为因素的影响，而非智力方面的差异。所以如何改进教学模式，帮助学生找到适合的学习方法是现在面临的主要问题。

在布鲁姆的研究中还表明认知前提能力、教学质量和情感前提是影响学生学习效果的因素。其中：认知前提指的是学生在学习一些知识之前就已经掌握的一些知识技能；教学质量就是指老师在讲课过程中设置的适当的学习程度，从而达到老师讲的学生都学会了的教学目的；而情感前提就是指学生在学习的过程中所持有的态度，正所谓"态度决定一切"。如果学校能够从这三方面出发，根据学生的具体情况有针对性地对学生的教学方式进行改革，会更有利于提高教学的成效。

（二）"掌握学习"教学模式的要点

1. 合理的结构性教学目标

"掌握学习"进一步明确和细化了教学目标，将其划分为三个方面：主动承担学习任务，认识到学生本职所在的情感目标；明白教材含义，了解动作的原理、特点、要点、技术结构、应用时机以及发力顺序的认知目标；通过"反馈—矫正"，在大脑中建立动作表象，促进技术动作不断规范和完善的技能目标。高校篮球"掌握学习"教学模式根据篮球教学自身特点，明确建立多层次的目标体系，严谨和细化了高校篮球教学的目标。

2. 完整有效的教学评价体系

"掌握学习"教学模式将教学评价主要分为诊断性评价、形成性评价以及总结性评价三种。其中：诊断性评价是教师在课前对学生的篮球技术以及身体素质等基本情况进行评价，以此作为制定和实施教学计划的依据；形成性评价是在授课中对学生在学习和练习中出现的错误技术动作进行及时的反馈，纠正错误；总结性评级是学期末对学生整个学期的学习情况做出评价。诊断性评价、形成性评价以及总结性评价三者相互联系、互为因果，三者结合组成一个完整的体系，贯穿于篮球教学的始终。

3. 兼具集体性和个别针对性的矫正措施

教师进行集体授课，并将相关的教学内容传授给学生，学生在对教师授课内容理解的基础上进行模仿练习，在这期间教师仔细观察和分析学生的练习情况并从中获得大量的反馈信息，这种反馈信息有利于教师对学生进行纠正，采取矫正措施。学生在学习过程中各方面身体活动会表现出明显的共性，同时也会存在一些个体性差异，教师通过观察这些共性和个性，设计出更为合理的练习手段，有利于进一步提高学生的篮球技术水平和篮球教学质量。

4. 更重视感情因素的影响

"掌握学习"教学模式关注教师的教学态度以及教师在教学中对学生的态度，教师的教学热情提高，则会进一步加深师生之间的联络和情感，这有利于为教师教学以及学生学习营造平等、轻松的教学环境和氛围。在这一环境中学生的团结互助精神以及合作精神能够得到明显的培养，进一步激发学生的学习兴趣，培养学生的学习情感，使学生能够积极投入学习，形成正确的学习情感认知，树立正确积极的学习目标和学习动机，进一步提高高校篮球教学效果。

第三节 篮球运动教学发展对策与趋势

一、篮球运动教学发展对策

（一）注重理论与实践的结合

1. 更加重视理论与实际的结合

当前科学技术在篮球教学中的应用日益广泛，极大地促进了教学活动在篮球理念、基础理论、整体技战术、篮球训练方法和体能测试等诸多方面的革新和发展，使篮球教学稳健地朝着更科学、更先进的方向发展。在现代篮球运动稳步发展的情况下，新型理论观点被不断推出，新型竞赛制度日益完善，新型规则逐步充实与发展，最终使得篮球理论和篮球实践内容均处于逐步创新、逐步发展的状态。这不仅对提升大学生篮球运动水平有重要意义，也对高校篮球运动教学的可持续发展与逐步完善具有积极影响。深入研究篮球教学理论的目的主要体现在两个方面：一方面，是为了对篮球教学实践展开更加科学的指导；另一方面，是为了全面总结篮球教学实践。倘若不存在理论研究，或者缺乏篮球教学实践，那么篮球教学全过程的意义都将无从谈起。因此，必须充分结合篮球教学的理论研究和实践研究，进而使理论研究力度和成效得到有效强化。

2. 篮球教学活动形式的多样化

篮球运动在广大学生中的普及和欢迎，与其集体协同性以及时空对抗性密不可分。当前高校校园的篮球活动也逐渐发展，成为校园体育文化中浓墨重彩的一笔，在文体娱乐、强身健体、磨炼意志品质等方面都具有重要意义。篮球活动几乎已经成为我国每一所高校必备的体育运动项目，它凭借着极强的趣味性和挑战性，成为大学生喜闻乐见的学习生活组成部分。同时，篮球运动的形式也逐渐创新，越来越丰富多样。例如在篮球运动基础上，逐渐衍生和发展起 3 对 3、4 对 4 或街头篮球等多种比赛形式。这些创意性活动也受到许多大学生的喜爱，在高校校园中取得了很好的发展效果，甚至已经成为许多高校篮球教学的重要内容。

3. 促进学校篮球俱乐部的发展

体育运动的开展应当具有灵活可变性。因为不同的学生之间具有年龄、性别、体质水平、运动基础以及兴趣爱好等多方面的差异，因而体育活动如果拘泥于单一的形式而无法灵活改变，将不能满足现实需求，因此篮球教学从业者应当积极创新运动形式，用灵活多样的方式进行教学。篮球俱乐部这种活动形式逐渐成为校园体育课外活动的重要组织形式。篮球俱乐部是根据学生的兴趣爱好以及自身特长而建立的，其组织及管理都很专业和规范，可以满足多样化的需求。通常俱乐部因为有经费支持、专业管理和一定导向性，以其良好的活动效果吸引了越来越多的大学生。高校可以依托校园的场地设施和师资力量，发挥自身优势建立有特色的俱乐部，此外需要根据学校体育工作的整体要求和规划，设计科学合理的活动内容，在俱乐部运营和人员安排上要建立专门的管理体系，在经费筹措和场地设施的配置上有高效合理的来源和运营举措。

教师在篮球教学的过程中，要将组织与管理学生课余篮球活动摆在重要位置，充分发挥篮球俱乐部的优势，弥补传统教学内容中的不足，最终促进篮球教学活动取得高效良好的发展。

（二）革新篮球教学思想

1. 培养学生终身体育意识

分析教学活动全过程可知，学生学习应当是能动性的学习活动，自主性、互动性、开放性是该过程的特点。详细分析可知，高校大学生在参与篮球活动的过程中，能够认识拥有相同兴趣爱好的学生，能够拓宽自身交际圈，提升学生的人际交往水平。除此之外，通过与他人接触，可以认识志同道合的朋友，"三人行，必有我师"，在与别人的沟通交往过程中学习其良好品质，培养自己挑战自我、主动学习的能力。因此，篮球运动的开展不仅对促进学生的身心发展有重要意义，也将成为学生未来在社会中应对挑战的宝贵财富。在教学过程中教师应当让学生清晰认识到这方面的作用，进而让学生把篮球运动当成终身受益运动来学习，促使学生形成正确的体育价值观，真正让学生受益终身。

终身体育包括两个方面的含义：①人们通过坚持不懈的体育锻炼，实现增强体质与推动身体全面发展的目标。②终身体育的目标是通过对体育进行科学系统的整合，能对人们在各时期、各领域开展体育锻炼提供手段和机会。其中心思想是：强调培养人们在一生的不同时期均能接受体育教育和进行体育锻炼，最终使体育教育真正做到完整和持续。因此，新时期的篮球教学强调，教学从业者必须以培养学生的终身体育意识为核心，这也是现代体育教学内容的要求。

2. 促进健康生活方式的培养

随着科学技术的发展，电脑和手机等智能设备逐渐普及，在给现代生活方式带来便捷之外，也带来许多负面影响。比如许多大学生自控能力差，会玩手机或电脑到很晚，一方面，会导致在第二天上课过程中效率低下、无法精神集中；另一方面，长此以往会导致视力下降和身体健康问题。因此，保证良好的生活方式和规律的作息习惯，能够有效改善大学生的体质健康状况。

近些年来，篮球运动逐渐受到大学生的欢迎，他们通过参与篮球运动而逐渐建立健康的生活方式，这一方面是受到一些超级联赛推广的影响，另一方面也和高校篮球运动教学的发展密切相关。篮球教师通过传播篮球文化、营造篮球教学的融洽氛围，使学生形成规范、持续的体育锻炼习惯，不仅能够对学生的身心健康带来积极影响，还能帮助其养成文明健康的生活方式，最终促进其健康成长。

3. 利于校园体育文化发展

从人类文化的角度来看，校园体育文化也属于精神文化的范畴，虽然在众多文化中只占有很小的组成部分，但对文化本身的丰富性和整体性来说，仍然是必不可少的。积极向上的校园体育文化可以带来许多有利影响，比如可以带动学习积极性，提高学生的综合素质，增加陶冶情操和课余锻炼的途径，通过参与运动，培养团队意识和竞争意识，最终促进学生全面发展。综上所述，应当通过高校体育教学来增加高校体育文化氛围。通过进行篮球教学的实践，学生可以亲身进行篮球活动和身体锻炼，能够让学生进一步感受、理解、认识篮球运动，对学生形成运动观与价值观发挥作用。例如，让学生感受、理解、认识顶级篮球运动员的拼搏精神、严谨作风、坚韧毅力、民族气节等，能够使学生在学习过程中自觉提升自身素养。

篮球教学中的一个重点就是要积极发展篮球文化。作为篮球运动中的一个重要方面，篮球文化的内涵和氛围可以对大学生造成潜移默化的影响，学生可能会在参加篮球运动项目的过程中养成许多行为习惯，因此要注重篮球文化的构建。

总体而言，篮球运动课程的重点并不是学分和成绩的要求，而是以建立学生对体育教学的正确认知为最终目标。因此，篮球教学应当以学生的主体地位为核心内容展开，教师在课堂上要积极调动学生的主动性和参与性，激发其对篮球运动的热情；同时学生在自己积极参与课堂的过程中，要发挥竞争和协作意识，带动周围同学充分参与篮球运动。

（三）完善篮球教学的目标和功能

1. 树立正确的篮球教学目标

学生的学习活动和效果主要受智力因素和非智力因素两方面的影响。传统的教学活动过多地强调了智力因素的作用，而忽略了非智力因素的影响。新时期的篮球教学对学生素质的培养目标，不仅包括知识理论的学习，还注重专业素质和综合能力的提升，最终培养在德行品格、情感感知、价值理念和基础理论方面全面发展的人才。

在当前社会更加开放、竞争更加激烈的时代背景下，高校应当在篮球教学模式上突破传统教学模式的限制，在教学理念、教学方式、教学模式上积极创新，在传统经验基础上汲取精华，最终使篮球教学实现内容丰富、形式多样，能真正地促进大学生身心健康发展。

2. 不断加强篮球运动的教育功能

篮球素养的培养是大学生篮球教学的重要内容。所谓篮球素养是通过对篮球知识和基本技能的学习，建立起对篮球运动的正确价值观，并在运动过程中树立文明的待人处世方式。尤其在当前强调学生综合素质培养的要求下，篮球教学更应当注重学生篮球素养的提升，通过推动素质教育而促进学生身心的全面发展。当前，篮球这项运动在健身、社交、增智以及教育方面都受到了日益广泛的欢迎，同时也受到越来越多人的高度重视。

篮球训练和篮球比赛的过程，不仅可以磨炼学生的意志品格，还能培养集体主义精神和团队意识，促使参与其中的大学生得到人格修炼，同时构建出人性化的篮球运动。同时我们也逐渐发现，随着科学技术的发展，知识正在爆炸式地增长和更新，因而对人们的终身教育、终身学习能力也提出了挑战。每个人都需要通过丰富知识结构和学习能力，提升自己的社会竞争力，适应时代发展趋势。总而言之，篮球教学中要充分发挥其在各方面的优势和功能，对学生的素养进行全面提升。

（四）加强篮球教师队伍的建设

在高校篮球运动教学活动中，高校篮球教师的角色是主导者。在教学活动中，教师能够起到指导作用。提升篮球教师基本素质与专业素质、专业水平与训练水平，不仅对篮球教学质量的提升有积极影响，也能加快高校篮球教师专业水平与训练水平的提升进程，能够有效提高篮球教学质量，培养出更多更具潜力的篮球运动人才。因此，强化篮球教师队伍建设，是发展高校篮球运动教学的必由之路。

篮球教师应当具备高水平的能力结构素质，换言之，就是具备高效完成篮球教学工作的能力，如教学设计、教学组织、教学内容讲解等。如果高校篮球教师具备较强的教学设计能力和组织能力，则能科学安排教学内容，充分激发学生参与篮球运动教学的主动性，使得篮球运动教学活动开展得更好；如果高校篮球教师具备较强的表达能力，则可以利用形象的语言来阐释各项知识与技能，提升学校效果；如果高校篮球教师拥有突出的课堂组织及管理能力，不仅可以充分协调好师生之间的互动关系，还能充分利用教学资源来优化教学活动，促进课堂科学有序地进行。同时，高校篮球教师还要具备扎实的知识储备，熟知篮球知识，在掌握该运动基础知识技能、教学基本规律的基础上，还要针对学生自身的身心发展规律来开展。

教师应当增加优化创新篮球教学内容的幅度，使学生在课堂上深入认识与篮球运动相关的新理念、新知识。与此同时，在教学过程中教师要始终确立学生主体地位，使学生在教学过程中逐步养成独立精神。因此，在高校篮球运动教学过程中，篮球教师要将创新摆在重要位置，要对学生的好奇心保持耐心，通过合理引导来启发学生，让学生各方面素质在学习过程中得到大幅度提高。发展教师的各项素质，还应当积极建设篮球教师队伍，高度重视教师岗位制度的完善进程，使教师职责更加明确；积极建立完善监督与培训体系，逐步提升高校篮球教师的各项水平。

（五）构建科学的篮球教学评价体系

篮球教学的发展离不开评价，因而教学评价应当以促进和服务篮球教学为基本目标，将结果评价与过程评价结合统一。高校应当加强对篮球教学各项工作的反馈，并尽量做到教学评价体系的动态性和灵活性，针对评价对象的自身特点而采用对应的评价方法，最终促进篮球教学的优化进步。

当前，我国高校篮球教学的评价体系仍然存在诸多问题，且缺乏教学工作实践过程的科学性及系统性，因此优化健全篮球教学评价体系，是现代篮球教学的发展要求之一。教学评价体系的构建主要内容包括：①国家体育教育部门可以增设有关篮球教学评价的基金项目，促进研究项目的开展；②积极增加校级课题立项，促进教学评价体系的研究和建设；③听取篮球教师及学生的意见，在教学实践研究的经验基础上，促进篮球教学评价体系的科学建设。

同时必须强调，篮球教学评价体系所涉及的主体不仅包括学校领导、相关专家和教师学生，还应当考虑引入家长评价和社会评价，以此充实教学评价主体的内容，促进其多元化，建立学校管理者、教学从业者、学生和家长共同参与的交互性评价体系。

（六）完善教学管理制度，优化教学环境

1. 建立健全的篮球教学管理制度

当前，推动篮球教学优化改革的重要内容之一，就是培育先进的管理理念，并健全高校篮球教学的管理制度。可以充分借鉴国际上其他国家的相关经验，取长补短，促进自身发展。以美国大学生体育联合会来说，不管是在组织结构还是在管理理念上都具有领先地位，可以对我国的篮球教学发展带来启示，有助于建立起完备的篮球人才培养体系。具体包括以下三个方面：

第一，管理理念的优化。积极打破传统的依赖学校的教学管理模式，充分强调教师和学生的角色作用，调动其参与篮球运动的积极性。

第二，有效处理篮球训练管理与篮球教学管理之间的矛盾。利用增强高校大学生和篮球运动员间的沟通合作、统一管理等手段，促使篮球训练管理水平与篮球教学管理水平得到稳步提高。

第三，管理机制的协调灵活性。高校教学管理工作的顺利开展离不开每一个管理部门的协调合作，高校应当健全调控机制，使各部门之间既能通力合作又能灵活可变。

2. 增加篮球教学的资金投入

篮球运动的发展和篮球训练的进行，离不开资金支持，而高校面临着相关资金投入不足的现状，导致篮球科研工作和教学工作经费短缺、场地设施配置严重不足，在软件和硬件上都不能满足教学及训练需求，经费条件短缺已经对篮球教学活动产生了很大的消极作用。要提升普通高校篮球教学质量，一定要密切联系学校实际情况，适当加大体育经费投入力度，通过扩建运动场馆、增加体育器材两种手段来为大学生参与篮球运动教学提供良好条件，使学生自觉加入到篮球运动教学过程中，提升篮球教学总体水平。

二、篮球运动教学的发展趋势

高校篮球运动及篮球教学的开展，不仅可以促进学生的身心成长，还能培养学生的创新意识和团队意识。随着社会的发展和经济水平的提高，高校的篮球运动在教学趋势上也发生了一些变化，主要表现为以下四个方面。

（一）我国篮球运动教学呈现新特点

1. 身高与灵活度相结合

高校篮球强队，除了极为重视球队成员的平均身高之外，也很重视提高队员的

身体素质。为了让运动员的攻守都处于制空优势，就必须要有效地提高他们的制空能力，与此同时，还要强化他们的弹跳能力与力量。目前，各所高校篮球运动员教学的典范为：具有敏捷奔跑速度、精湛篮球技术与技巧、良好弹跳力的优质球员，并且能够进行绝妙的表演。上述这些使得高校篮球运动更加绚丽多彩，技战术内容更加充实。

需要注意的是，高校篮球运动不仅需要重视身高，还需要重视"灵活性"。随着高校篮球运动的空间争夺越来越激烈，高校运动员只有做到"高中有灵，高中有巧"，才能获得比赛的主动权，并最终取得比赛胜利。目前，高校篮球运动发展的一个重要趋势，就是高度与灵活度的有机结合。

2. 速度与准确度相结合

篮球比赛对进攻速度和准确度的要求越来越高，这与目前篮球规则越来越限制进攻时间有重要关系；同时，随着战术的优化革新，对进攻速度的要求也越来越高。在高校篮球运动中，有节奏地加快攻守转换速度十分重要，而这促使快速反击次数的增多，从而提高了快攻得分率。

目前，在篮球对抗中，既要保持高强度和高速度，又要保证投篮命中率，尽量利用速度优势来把握比赛时间和空间上的节奏，掌握赢得胜利的主动权。同时，除了要保证速度之外，还需要尽可能地提高准确度，只有这样，才能取得比赛的最终胜利。因此，在推动高校篮球运动发展的过程中，应当帮助学生建立正确合理的速度理解。

3. 凶悍与智谋相结合

攻守对抗越来越激烈，体现在一方有勇气、有毅力、有胆识和另一方进行对抗，这也是现代篮球的一个重要特点。对抗主要体现在智力、战术、心理、身体以及技术对抗，只有在各种对抗当中取得胜利，才有可能获得比赛的最终胜利。球队想要取得对抗的胜利，必须要满足以下两个要求。

第一，对抗时运动员一定要勇于拼搏。

第二，对抗时运动员一定要运用自己的智慧。

目前，很多大学生篮球运动员都意识到了拼斗能力与强悍作风的重要性，与此同时，还意识到了"智谋"的重要性。高校普遍认可的当代篮球新观念，就是有智谋的拼斗。

4. 技术全面性与特长相结合

由于现代篮球运动的对抗强度变得越来越强，因此，需要运动员具备尽可能全面的技术。具体来讲，就是要求队员能快能慢、能里能外的适应战术调整，与此同时，也需要球员提高各项体能素质，比如灵活性、弹跳、力量等。

除此之外，篮球运动员不仅要做到技术上的全面，还要发展自己的特长和优势，兼具全面性和特长，才能在球场上所向披靡。

5.常规与创新相结合

任何一项运动的发展都离不开继承和创新这两方面，篮球运动的发展也不例外。现代篮球运动的技战术来源就是创新。通过持续的创新使得篮球运动在面对发展瓶颈和障碍时能够取得突破，保持发展活力和竞争力。将传统常规和创新相融合，可以实现篮球运动技战术在技术和风格上的发展。因此，创新是新时代高校篮球发展的未来趋势。需要注意的是，创新是在把握与认识篮球运动本质规律和特征的前提下，对其发展趋势的真正认识和理解。高校的篮球运动员与教练员，应当在篮球运动的实践过程当中，继承篮球运动中好的传统，并在此基础上不断进行创新，只有这样，才能更加快速地发展高校篮球运动。

（二）不断深入的终身体育教学理念

高校是连接学校和社会的桥梁，因而高校体育教育也对学校体育和社会体育起到承上启下的作用。因此高校体育教学应当培养学生的终身体育理念，帮助其建立健康的生活方式和体育习惯。终身体育强调的是将体育教育融入人生的每一时期，"身体是革命的本钱"，通过持续不断、坚持不懈的体育锻炼，能够受益终身。

（三）不断深入的素质教育的教学理念

高校篮球教学还应当注重素质教育，促进学生将所学应用到实践过程中。具体而言就是在篮球比赛和实践教学过程中，既要学习实战技术，还要培养团队协作意识及反应能力、组织能力等，最终培养篮球综合素质全面的人才，在激烈的社会发展中保持竞争优势。

（四）趋于多元化的高校篮球教学

在科学技术不断发展、体育改革不断深入的背景下，高校体育建立了多元化的发展目标，开始在强调增强体质的基础上，融合了娱乐化和个性化的内容。同时，高校体育在教学模式和教学方法上也逐渐丰富，更注重学生的个性化需求，强调学生的主体地位，激发其参与体育活动的积极性。

1.趣味性和挑战性较强

篮球运动本身具有时空对抗、集体协同等特点，致使其具有很强的趣味性与挑战性，而这也是充满朝气的大学生喜爱篮球的一个主要原因，所以篮球运动在高校中具备了进一步发展与普及的条件。另外，高校篮球运动的形式非常多样，其中最受学生欢迎的形式有轮椅篮球、街头篮球等，而这些都成了大学生学习和生活当中的重要组成部分之一。

2.具有较强的教育功能

人文教育对现代化社会发展具有十分重要的作用，而篮球运动的多重功能（如社交、教育、宣传、增值、健身等功能），也越来越被社会认同且受到高度重视。通过篮球训练和比赛，除了可以有效培养球员团结协作、齐心协力的集体主义精神，还能有效地培养与建立他们顽强的意志品质。

目前，大众普遍接受了多元化篮球的观点，使得篮球运动不仅具有竞技功能，还具有锻炼篮球运动员品格的功能。在竞争激烈的大学学习环境当中经常参加篮球运动，一方面，能够使学生在生活与学习中面临的各种压力得以缓解；另一方面，还能够锻炼他们的意志、陶冶他们的情操，增强他们的荣誉感、使命感。

第四章 篮球技术的教学与训练

篮球技术是运动员比赛行为的核心。运动员的智慧、技能、运动素质、心理品质和道德作风等都是通过篮球技术集中表现出来的,是竞技水平最显著的标志。篮球运动之所以长盛不衰,其主要原因就是篮球技术的不断更新、发展和提高。本章主要讲述篮球移动技术,传、接球技术,投篮技术,运球技术等方面的教学和训练等内容。

第一节 篮球移动技术教学与训练

一、篮球移动技术教学的内容

(一)进攻的基本姿势

1. 无球队员的基本姿势

两脚前后或左右开立,距离比肩稍宽,两膝微屈,脚跟微离地,身体重心在两脚之间,上体稍向前倾,抬头含胸,两眼注视全场的情况,两臂屈肘自然置于体侧。

2. 有球队员的基本姿势

双手持球于胸前,两脚前后或左右开立,距离比肩稍宽,两膝微屈,脚跟微离地,身体重心在两脚之间,上体稍向前倾,抬头含胸,两眼注视对手行动,持球便于投、突、传。

(二)防守的基本姿势

1. 防无球队员的基本姿势

两脚前后或左右开立,距离比肩稍宽,两膝微屈,脚跟微离地,身体重心降低,上体稍向前倾,抬头含胸,两臂屈肘自然置于体侧。一只手指向持球对手,另一只手指向自己防守的对手,两眼观察对手的行动意图,兼顾球和人,处于机动状态。

2. 防守有球队员的基本姿势

两腿分开，稍宽于肩，两腿伸屈降低重心，身体重量落在两腿及前脚掌上，脚跟提起，两眼注视对手行动与意图，前手抬起，掌心朝向球，干扰对手投篮或传球，另一只手臂自然弯曲置于体侧，掌心向前，防切防过。

（三）起动

起动是进攻队员为了改变静止状态和改变速度（由慢到快）的一种方法。及时、突然、快速地起动是进攻队员摆脱防守的有效方法。

动作：原地起动前应先保持正确的基本站立姿势，以起动方向的异侧脚前脚掌内侧迅速用力蹬地，以腰部力量带动身体重心迅速向前进方向平移。起动后的前两三步要短促且敏捷，结合快速摆臂逐渐加快跑的速度，身体各部位要放松，并注意观察球和同伴、对手和球篮的关系。

动作要领：异侧脚掌蹬地，前进方向移重心；腰部带动速度快，手臂摆动有力量。

（四）跑

1. 放松跑

队员由守转攻，根据战术要求需要，运用中等速度、有节奏的放松跑去选择攻击位置。

动作：跑动中，两膝要自然弯曲，重心稍微下降，用前脚掌或由脚跟先着地过渡到脚掌着地，上体稍前倾，两臂自然摆动，两眼注视前方并同时观察场上情况。

动作要领：两膝弯曲重心下降，两脚着地稳又牢；中等速度步幅匀，抬头观察。

2. 变速跑

变速跑是进攻队员在跑动中运用速度的变换来摆脱防守，选择有利攻击的位置或接球、投篮等所运用的方法。

动作：跑中加速时，用前脚掌短促而有力地向后蹬地，上体稍向前倾，前两三步短促而迅速，两臂加快挥摆，注意抬头观察；减速时，前脚掌用力抵住地面，上体稍直立，减缓重心前移，步幅可稍大些，从而降低跑的速度。

动作要领：前脚掌蹬地重心前移，加速步幅小而频率快；前脚蹬地减缓冲力，步幅稍大上体直。

3. 变向跑

变向跑是进攻队员在跑动中突然改变跑的方向并加快速度来摆脱防守的一种方法。

动作：在跑动中，如向左变向，右脚前脚掌落地，脚尖稍向左转，同时用前脚掌内侧用力蹬地,随之腰部向左扭转,左脚突然加速向左前方迈出一小步,同时上体左侧转,上体前倾,右脚迅速向左腿的侧前方跨出一大步,继续向左加速跑动。

动作要领:右脚内扣用力蹬地,左脚向左跨一小步;腰腹配合转移重心,上体前倾加快速度。

4. 侧身跑

侧身跑是进攻队员在跑动中为了更全面地观察场上的情况和快速摆脱防守的一种方法。特别在由守转攻发动快攻时,前锋队员常采用侧身跑摆脱与超越防守,获得较好的进攻机会。

动作:在向前跑动中,头和上体自然地向有球方向扭转,上体放松,脚尖朝向跑进方向,做到既要保持跑的速度,又要随时准备接球。

动作要领:侧身转肩,脚尖向前,跑中看球,伺机接球。

5. 闪躲跑

闪躲跑是进攻队员在跑动中合理运用虚晃动作(假动作)改变跑的方向和加快跑的速度,摆脱防守获得进攻机会的方法。

动作:与变向跑相似,但在变向跑前做个假动作,其假动作不仅要真实,变换又要快。

动作要领:控制身体重心,双腿屈膝,完成闪躲跑

(五)急停

1. 跳步(一步)急停

动作:进攻队员在跑动中,用单脚或双脚起跳(离地不能太高),两脚同时落地,落地时两脚前脚掌用力抵地,两脚距离与肩同宽,上体稍向后仰,屈膝降低重心,两臂屈肘置于体侧,两眼平视,保持身体平衡。

动作要领:第一步,用全脚掌抵地,屈膝减缓向前的冲力;第二步用力抵地脚内扣,两膝微屈降重心。

2. 跨步(两步)急停

动作:进攻队员在快速跑动中,先向前跨出一步,用全脚掌着地抵住地面,微屈膝;同时上体稍后仰,减缓向前的冲力。第二步着地时,脚尖稍向内扣(向第一步的方向内扣),并用前脚掌内侧用力蹬地,两膝微屈,重心下降,重心在两脚之间,两臂屈肘置于体侧,两眼平视,保持身体平衡。

动作要领:第一步,用全脚掌抵地,屈膝减缓向前的冲力;第二步用力抵地脚内扣,两膝微屈降重心。

(六) 跨步

1. 异侧步（交叉步）

异侧步是向着中枢脚的方向跨步的方法。如以左脚为中枢脚，跨步时，两膝弯曲，左脚前脚掌用力蹬地，右脚用力蹬地向左侧前方跨出，上体向左侧转动并前倾，同时抬头两眼平视前方。

2. 同侧步（顺步）

同侧步是向移动脚的方向跨步的方法。如以左脚为中枢脚，跨步时，两膝弯曲，左脚前脚掌用力碾地，右脚用力碾地向右侧前方跨出，上体随之前倾，同时抬头两眼平视前方。

(七) 转身

转身是队员以一脚为中枢脚，另一脚蹬地向前或向后方向跨步转身移动而借以改变身体方向的一种方法。

动作：急停后转身前，两膝微屈，上体稍向前倾，重心落在两脚之间，两眼平视前方。转身时以一脚为中枢脚，其前脚掌为轴，另一脚（移动脚）的前脚掌内侧用力蹬地跨出，同时重心转移到中枢脚，中枢脚前脚掌为轴用力碾地，腰部扭转带动上体，随着移动脚向前或向后转动，使之改变身体方向。

动作要领：在转身的全过程中要求保持身体平稳，不要有起伏；转身时不要低头含胸；转身后重心仍落在两脚之间；持球转身时应注意利用身体合理地保护球，并顺势衔接下一个动作。

根据转身时的方向，其可分为前转身和后转身两种。

1. 前转身

前转身是移动向自己中枢脚前的方向跨步移动，使身体改变方向的方法。

动作要领：中枢脚提踵，前脚掌碾地；移动脚用力蹬跨，腰部扭转带动身体向前转体。

2. 后转身

后转身是移动脚向自己中枢脚后的方向跨步，使身体改变方向的方法。

动作要领：中枢脚提踵，前脚掌碾地，膝关节内扣，配合腰部扭转，带动向后转身。

(八) 跳

1. 双脚起跳

双脚起跳主要用于跳球、跳起投篮、抢篮板球以及防守中抢断来自远方的球。

动作：起跳前，两脚开立与肩同宽，下肢各关节弯曲，重心下降，上体稍向前倾，两臂屈肘微外张。起跳时，两脚迅速用力蹬地，两臂同时快速向上挥摆并用提腰的力量，使身体向上腾起，身体在空中要自然伸展，维持平衡。落地时，用前脚掌先着地，并屈膝缓冲身体下落的重力，注意保持身体平衡，并做好下一个动作的准备。

动作要领：下肢弯曲下蹲，两脚用力蹬地，两臂挥摆提腰，身体在空中充分伸展。

2. 单脚起跳

单脚起跳主要用于行进间投篮、接球和冲抢篮板球等。

动作：起跳时，最后一步幅度要小，起跳脚微屈前送，用脚跟先着地制动并迅速屈膝和过渡到全脚掌用力蹬地，同时挥臂提腰，另一腿屈膝帮助起跳，当身体在空中最高点时，摆动腿伸开一起跳自然并拢，全身协调。落地时要屈膝缓冲和保持身体平衡，并做好下一个动作的准备。

动作要领：起跳时步幅小，用力蹬地；摆动腿、腰、腹、臂协调配合，身体在空中自然伸展协调有力。

二、篮球移动技术综合训练方法

（一）"保持动"的训练

目的：锻炼快速反应的专门练习。

方法：运动员用前脚掌做高频原地跑。

要求：脚离地面越近越好。教练员可俯在地板上观察，要求运动员的脚每次拍击地板时，从前脚掌和地板之间透过的光线要尽可能地少。本练习持续时间15秒，记运动员拍击地板次数。基本掌握后也可成队列全体进行。

（二）跑"轮胎"训练

目的：练习脚步动作的灵活性，反应判断能力。

方法：在篮球场上摆放六组"废旧轮胎"，队员从端线开始按要求跑过去。

要求：

（1）按摆放的图形每只轮胎必须把脚放进。

（2）跑熟后尽量加快速度。

（3）根据需要可变换轮胎的摆放图形。

（4）如条件有限可用地上画圈代替，但效果较轮胎差。

（三）各种基本步法训练

目的：掌握跑的基础技术动作。

方法：小步跑、高抬大腿跑、后踢腿跑、跨步跑、直线跑。距离 20～40 米。

要求：上体正直，跑的动作正确，上下肢配合协调。

（四）加速跑训练

目的：掌握加速跑技术动作；训练中枢神经兴奋与抑制转换速度——神经过程的灵活性。

方法：30～50 米加速跑。

要求：步频逐渐加快，上体逐渐前倾，全身动作配合协调。

（五）变速跑、全速跑训练

目的：改善中枢神经系统的灵活性。

方法：30 米、60 米、100 米变速跑，全速跑，折返跑。

要求：变速突然，全身协调配合。

（六）追逐跑训练

目的：提高反应速度和步频速度。

方法：两人一组相距 4～5 米站立，听信号后（也可用视觉信号），两人中速跑，距离不变，听到第二次信号后，后者追前者。

要求：听到第二信号突然加快步频，前两三步小而快，上体前倾。

（七）追球跑训练

目的：增加新的刺激，提高运动员训练的积极性。

方法：教练员持球与运动员都站于端线外，教练员将球贴近地面向前抛（抛球力量因人而异），运动员快速起动去追球，运球上篮。

要求：

（1）教练员抛球飞行速度要稍快于运动员跑的速度。

（2）球滚出端线前运动员必须手拿到球，然后运球上篮。

（八）起动——急停退训练

目的：练习快速起动，起动后的急停再起动的机动性。

方法：运动员站在端线球篮的一侧，屈膝降低重心，两脚前后开立稍宽于肩，听到哨音或口令后，立即起动，向前跑3～4步自行跨步急停。急停脚步前后开立，左脚在前左手触地然后马上退后两步，右脚在后右手触地。再起动。前跑3～4步再急停，再后退同前。在半场内做三次，全场做六次。

要求：低重心，急停时手必触地，马上退再起动，动作连贯无脱节。

（九）侧向"8"字跑训练

目的：训练脚步，髋关节的灵活性与协调性。

方法：运动员侧对前进方向，可单兵教练，也可两人一组进行。听到口令后马上开始练习。例如，右肩对着前进方向，开始左脚前交叉跨过右脚后，右脚顺撤一步，又变成右脚对着前进方向，左脚再在右脚的后侧跨过做后交叉右脚又顺撤一步。这样左脚在右脚的前面后面不断地交叉前进。返回相反，右脚在左脚前后不断交叉通过向左侧做"8"字跑。这种侧向"8"字跑有两种：一种小步高频进行，另一种大步高抬大腿进行。

要求：

（1）做交叉步的脚前后一样大小。

（2）难在后交叉，但动作关键是转动髋关节。

（3）大"8"字侧向跑练髋关节的柔韧和灵活性。

（十）折线滑三步变向训练

目的：训练队员低重心滑步能力。

方法：队员面向教练员（教师）深屈膝，深度达手指尖能触地板，两脚开立宽于肩，背对前进方向。开始练习时向右后方斜方向滑三步右手摸地，马上变向，左脚后撤一步向左快滑三步手触地，转向右脚撤一步，向右滑三步手触地，如此反复进行。可在半场进行，也可全场进行。

要求：

（1）大步低重心，滑动时手始终能触着地面的姿势，不要三步手触地时再降重心。

（2）变向撤步要快。

（3）此练习强度大，注意间歇。

三、篮球移动技术教学和训练的建议

1. 篮球移动技术的教学，应安排在开始阶段集中进行，为学习其他技术打下基础。篮球移动技术教学顺序可按起动、跑、急停、转身、滑步等技术分别组合进行，在这些动作教学的同时，还要结合其他移动动作的学习，最后进行综合练习。

2. 篮球移动技术的练习比较枯燥、单一，体力消耗较大。所以，练习中要教育学生正确认识脚步的重要性，以及采用多样化的练习方法或竞赛性的练习，提高学生练习的兴趣和积极性。

3. 篮球移动技术教学与训练中，应把提高脚步动作的突然性、快速性、灵活性作为重点。在各种移动练习中，应强调重心的稳定和转移。

4. 在篮球移动技术教学中，应先在慢速中练习，帮助学生掌握正确的动作，建立正确的概念和动力定型，然后逐渐加快速度和加大难度。同时，应重视视觉的训练。可采用多种练习手段和方法，以提高学生观察判断能力和反应能力。

5. 篮球移动技术的教学与训练，应与提高专项身体素质紧密结合，还应与其他攻防技术、基础配合结合起来进行。

第二节　篮球传、接球技术教学与训练

一、篮球传球技术的教学和训练

（一）双手胸前传球

1. 动作技术分析

双手胸前传球是一种最基本而又最常用的传球方法。这种传球快速有力，可在不同方向、不同距离中使用，而且便于和突破、投篮等动作相结合。

动作方法：两手五指自然分开，两拇指相对成八字形，用指根以上部位持球的两侧后方，空出手心。肩、臂、腕部肌肉放松，两肘自然弯曲于体侧，将球置于胸腹之间的部位。身体成基本站立姿势，两眼注视传球目标。传球时，后脚蹬地，身体重心前移，同时前臂短促地前伸，手腕由下向上转动，并由内侧向外翻转相结合而急促抖腕，拇指用力向下压，食、中指用力弹拨将球传出。球出手后拇指和手心向下，其余四指

向前。传球的距离越远,蹬地、伸臂的动作幅度越大,而且要与腰腹及身体协调用力相配合。

动作要领:蹬地伸臂要同时,翻腕抖腕加拨指,整个动作要协调,两手用力要均匀,全身动作要连贯,身体平衡应保持。

双手胸前传球可在行进间和跳起在空中进行。

2. 双手胸前传球的训练

(1)原地模仿训练

目的:徒手体会原地双手胸前传球的出球手法。

方法:学生成两列横队,左右前后间隔2米。学生随教师的口令做双手胸前传球的徒手练习。

要求:身体直立,腿不动,重点体会上肢出球手法。

(2)原地持球翻腕训练

目的:体会原地双手胸前传球的翻腕动作。

方法:2人一组,一人持球做翻腕动作,另一人扶球帮助练习体会动作。

要求:身体直立,两腿不动,重点体会持球翻腕动作。

(3)原地对墙传球训练

目的:体会原地双手胸前传球的手法。

方法:学生每人一个球,面对墙1.5~2.5米的距离进行原地双手胸前传球练习。

要求:身体稍前倾,重点体会伸臂翻腕拨指动作。

(4)原地自抛自接球训练

目的:体会原地持球动作。

方法:每人一球,双手持球前平举,将球上抛1.5米左右,然后接球,检查持球手型是否正确。

要求:两脚平行开立,身体直立,接球时手臂伸直。检查持球方法是否正确。

(5)原地传、接球训练

目的:体会原地双手胸前传球完整动作。

方法:2人一组,面对面相距3~4米,做原地双手胸前传球练习。

要求:上下肢动作协调配合,传球手法准确。

(6)原地三角、四角传球训练

目的:体会原地双手胸前传球完整动作。

方法:3~5人一组,站成近似等边三角形或正方形,相距4~6米按顺时针或逆时针方向依次传球。

要求：接传球动作连贯，上下肢动作配合协调。

（7）迎面跑动传、接球训练

目的：体会双手胸前传、接球技术动作。养成传球后迅速起动的习惯。

方法：6~8人一组，分成两纵队站立，距离4~6米，相互传球后跑至对方排尾。

要求：传球手法准确，动作协调，传球后要迅速起动。

（8）全场二人跑动传、接球训练

目的：体会在行进间双手胸前传球的完整动作技术。

方法：2人一组，相距3~5米，进行全场传球接球练习。

要求：采用侧身跑进行传、接球，传球手法准确，全身动作协调配合。

（二）双手头上传球

1. 动作技术分析

双手头上传球出手点高，便于与头上投篮相结合，但与突破、运球等技术相结合使用时，却增加了动作的幅度，所以它适于高大队员使用。双手头上传球多用于中、远距离传高空球以及抢篮板球后发动快攻第一传和内外线队员转移球等。

动作方法：持球方法与双手胸前传球相同。双手举球于头上，两肘向前。近距离传球时，前臂前摆，手腕前扣并外翻，同时拇、食、中指用力向前拨球。传球距离较远时，脚蹬地，腰腹用力带动上臂发力，前臂前甩，腕、指用力前扣，将球传出。跳起做双手头上传球时，双手举球向头后摆，跳到最高点时，腰腹用力，两臂前摆，腕和指用力将球传出。

动作要领：持球屈肘头上方，蹬地、腰腹用力量；前臂摆动曲手腕，拇、食、中指加力量。

2. 双手头上传球的训练

（1）原地模仿训练

目的：徒手体会原地双手头上传球的出球手法。

方法：两列横队，前后左右间隔2米。学生随教师的口令做双手头上传球徒手练习。

要求：下肢不动，重点体会上肢出球手法，建立动作概念。

（2）原地对墙传球训练

目的：体会原地双手头上传球出球动作。

方法：每人一球，面对墙2~3米的距离进行原地双手头上传球练习。

要求：腰腿不动，重点体会原地挥臂扣腕拨指动作。

（3）原地传、接球训练

目的：体会双手头上传球的完整技术动作。

方法：2人一组一球，面对面相距4～5米，做原地双手头上传球练习。

要求：上下肢协调配合，传球手法准确。

（4）扇形原地传球训练

目的：体会双手头上传球，全身动作协调配合及传球手法。

方法：4人一组，一人持球，另三人站成扇形，进行传、接球练习，传到一定次数后，依次交换。

要求：传球动作连贯，上下肢配合协调。

（5）原地五角传球训练

目的：体会双手头上传球完整技术动作。

方法：5人一组，站成五角形，相距4～6米，按顺时针或逆时针方向隔人依次传球。

要求：接传球动作衔接要连贯，用眼睛的余光观察传、接球者的情况。

（6）传、接球投篮训练

目的：体会双手头上传球的出球手法与投篮动作的结合。

方法：将学生分成两组，每组7～8人在中线与边线的交接处站立，其中一组每人一球，用双手头上传球传至另一组排头，然后切入篮下，另一人接球用双手头上传球回传，然后接球投篮，两人交换依次进行。

要求：传、接球要及时准确到位。手脚配合要协调，接球与投篮衔接要熟练。

（三）单手肩上传球、胸前传球、体侧传球

1.动作技术分析

（1）单手肩上传球：单手肩上传球是最基本的传球方法，而且是经常运用的一种远距离传球方法。它的速度快、距离远、准确性高，长传快攻时运用较多。

动作方法：持球方法与双手胸前传球相同，两脚平行开立，右手传球时，左脚向传球方向迈出半步，同时双手将球引到右肩侧上方，左肩对着传球方向，右手大臂与地面近似平行，前臂与地面近似垂直，手腕后屈，右手持球的后下方（单手持球），身体重心在右脚上。传球出手时，右脚蹬地的同时转体带动上臂，肘领先，前臂迅速前甩，手腕迅速前扣，最后通过食、中、无名指的弹拨下压动作将球传出。

（2）单手胸前传球：单手胸前传球多用于传球队员与防守队员距离很近的情况下。传球时突然用单手胸前传球，从防守队员的头顶、耳旁传出。

（3）单手体侧传球：这是一种近距离的隐蔽传球，多用于向内线队员传球，传球时与向传球的反方向跨步假动作结合运用效果最好。

动作方法：双手胸前持球，右手持球时，左脚向左跨一步（左手持球时右脚向右跨一步），右手引球至身体右侧，出球一刹那，持球手的拇指向上，手心向前，手腕后屈，出球时小臂稍向前摆，急促用力向前扣腕，手指用力拨球，将球传出。跨步与出球的配合要协调、迅速，腕、指急促用力抖动，小臂摆动幅度要小。

动作要领：将球转移到右肩上，手腕后屈持球的后下方，蹬地、转肩、甩臂，扣腕动作协调有力量。

2. 单手肩上传球、胸前传球、体侧传球的训练

（1）原地模仿训练

目的：体会单手肩上、胸前及体侧传球的出球手法。

方法：两列横队，前后左右间隔2米，随教师口令做徒手练习。

要求：徒手传球动作由慢到快，重点体会出球手法。

（2）原地传、接球训练

目的：体会单手肩上、胸前及体侧传球，身体动作协调配合及出球手法。

方法：2人一组，相对间距3～5米，进行单手肩上、单手胸前及单手体侧传球练习。

要求：传、接球动作连贯准确，手脚配合要协调。

（3）四角传球训练

目的：体会单手肩上、胸前及体侧传球的完整动作。

方法：将学生分成人数相等的四组，成四角形站位进行传、接球练习。传球后跑到接球组排队。可采用顺时针或逆时针进行练习。

要求：传、接球动作要连贯，传球准确，不得走步。

（4）全场传、接球训练

目的：体会行进间单手肩上传球，单手胸前传球的完整动作技术。

方法：2人一组，用单手肩上或单手胸前传球进行全场传、接球练习。

要求：传、接球时要侧身，手脚配合要协调，传、接球动作要连贯，不能走步。

（5）全场传、接球投篮训练

目的：体会在行进间单手肩上、胸前、体侧传球的出球手法及与投篮动作的结合。

方法：3人一组，后半场传、接球，进入前场，两侧队员切入篮下接球投篮。

要求：传、接球时手法要准确，全身动作配合要协调，不能走步。

（6）传、接球加防守训练

目的：体会在有防守的情况下，运用单手肩上、单手胸前、单手体侧传球动作技术。

方法：5人一组，3人传球，2人防守，进行传、接球练习，练习一定时间后进行

交换。

要求：传球者要用眼睛的余光观察防守者的情况，传球要准确及时到位。

（四）双手反弹传球

1. 动作技术分析

这种传球方式是通过球击地后反弹作用进行的，也是最基本、最常用的一种传球方式。这种传球运用得当，便于越过防守者，多用于中、近距离快速传球。

动作要领：双手反弹传球的手法与双手胸前传球基本相似，不同的是手臂向前下方伸直。

反弹传球的击地点，一般在接球人与传球人之间距离的三分之一处。如果防守人离传球人稍远或防守人后退协防内线队员，则可以在防守人脚侧击地传球。

2. 双手反弹传球的训练

（1）原地徒手训练

目的：体会双手反弹传球出球手法。

方法：成两列横队，前后左右间隔 2 米，随教师口令做徒手模仿练习。

要求：两脚不动，重点体会双手反弹传球出球手法，建立正确的动作概念。

（2）原地对墙传球训练

目的：体会双手反弹传球翻腕拨指动作。

方法：每人一球，距离墙 2～3 米进行传、接球练习。

要求：传球速度由慢到快，动作准确协调。

（3）原地传球训练

目的：体会双手反弹传球上下肢协调配合及落点。

方法：2 人一组，相距 3～5 米，做双手反弹传球练习。

要求：传、接球动作协调连贯，传球落点要准。

（4）传、接球跑动训练

目的：体会双手反弹传球的完整技术动作。

方法：6～8 人一组，另一组不拿球，两组相对进行双手反弹传球练习，传球后跑至对方排队。

要求：传球的力量要柔和，接传球时不得走步，传球后起动迅速。

（5）两人传球一人防守训练

目的：体会在有防守的情况下，运用双手反弹传球动作技术。

方法：3 人一组，两人进行双手反弹传球，一人进行防守练习，练习一定时间后，进行交换。

要求：防守者积极挥臂封堵传球，传球者要用假动作迷惑对方，迅速传球。

（五）单手反弹传球

1. 动作技术分析

这是近距离最常用和效果较好的一种隐蔽传球方式，是矮小队员对付高大队员的防守时的有效传球方式之一。多用于向内线队员、向空切篮下的队员传球时，内线策应队员也常用这种传球方法。

动作要领：单手向前反弹传球的手法与单手胸前传球方法基本相同，只是将球向地面击地传出。

单手体侧反弹传球的手法与单手体侧传球基本相同。

单手向后反弹传球时，手腕和食指、中指、无名指、小指向传球方向（击地点）的下压动作要更为有力。

单手反弹传球的击地点与双手反弹传球相同。

弧线侧旋反弹传球的手法是：手腕加大内旋和内翻力量，拇、食、中指用力要大，以加大球的侧旋力量。球的击地点在接球人的体侧，反弹后，侧旋飞向接球人。

运用反弹传球时，最好向传球方向异侧跨步，诱使防守人移动，以便从容传球。

2. 单手反弹传球的训练

（1）原地模仿训练

目的：体会单手反弹传球出球手法。

方法：成两列横队，前后左右间隔2米，随教师口令做徒手练习。

要求：徒手传球动作由慢到快，重点体会出球手法。

（2）原地对墙传球训练

目的：体会单手反弹传球全身动作协调配合及球的落点。

方法：每人一球，面对墙壁1.5～2.5米进行单手反弹传球练习。

要求：传、接球动作连贯协调，传球要准确，注意传球落点。

（3）原地传、接球训练

目的：体会单手反弹传球的完整技术动作。

方法：两人一组，相距3～5米，进行原地单手反弹传球练习。

要求：手脚配合要协调，传球要准确。

（4）传、接球投篮训练

目的：体会单手反弹传球的出球手法与投篮动作的结合。

方法：成两路纵队，拿球一队在中线与边线的交接处，不拿球一队在罚球线延长线边线站好。持球者用单手反弹传球后，迅速切至篮下接同伴的单手反弹回传球后投篮，抢到篮板球后，两人交换位置。

要求：传球要及时准确到位，接球投篮动作衔接连贯。

（5）两人传球，一人防守训练

目的：体会在有防守的情况下，运用单手反弹传球动作技术，提高运用能力。

方法：3人一球，两人做单手反弹传球，一人进行防守练习，练习一定时间后进行交换。

要求：传球者要捕捉战机及时传球，传球要准确到位，防守者要积极封堵。

二、篮球接球技术教学与训练

（一）双手接胸部高度的球

动作方法：接球时两臂自然伸出迎球，肘关节微屈，手指自然分开，两手拇指相对成八字形，掌心稍向前，两手形成一半圆状。当手接触球后，两臂随球后引，以减缓球的速度和冲力，同时两手将球握住，置于胸前。

动作要领：目视来球两手臂伸出迎球，两拇指相对成八字半圆形。触球臂随球后引，顺势握球于胸腹前。

（二）双手接头部高度的球

动作方法、动作要领与双手接胸部高度的球相同，只是两手臂是向前上方伸出迎球，手指向上。

（三）双手接低于腰部的球

动作方法：接球时两腿深屈，一脚向前跨出，上体前倾，重心落在前脚。双手向前方伸出迎球，五指自然分开，两小指成八字形，掌心向着来球方向。当手触球后，两臂顺势屈肘收回，同时接住球，持球于胸腹之间，保持基本站立姿势。

动作要领：降低重心，一脚向前跨，双手小指相对成八字半圆形，触球后顺势收回，并持球于胸前，保持基本站立姿势。

（四）双手接反弹球

动作方法：接球时迎球上步，上体前倾，但要抬头目视来球。接球时，两臂向前下方伸出迎球，手指自然分开，手指向下，在球刚刚弹起时，两手从侧方去接住球，并顺势将球引至胸腹之间，保持身体基本站立姿势。

动作要领：迎球跨步，上体前倾，两手臂向前下方伸出迎球，五指张开手触球，顺势握球胸腹间。

（五）双手接地滚球

动作方法：接球时向来球方向跨出一步，身体下蹲，两手手指向下伸出迎球，掌心向前。触球后顺势将球握住。置球于胸腹之间，保持身体平衡。注意两脚不要开立，以免漏球。

动作要领：跨步，下蹲，两臂伸出迎接球，掌心向前指朝下，触球瞬间顺势握住球。

三、篮球传、接球技术综合训练方法

（一）全场侧身弧线跑传、接球训练

目的：体会在行进间单手或双手传、接球的完整动作技术。
方法：3人做固定位置传、接球，其余人每人一球做侧身及弧线跑传、接球练习。
要求：传、接球要快速，动作要连贯、准确，上下肢要配合协调。

（二）三人直线跑动传、接球训练

目的：体会在跑动中传、接球的出球手法，提高学生的运用能力。
方法：3人一组，中间人拿球向两边自己同伴传球，然后接回传球，依次进行。
要求：传球要快，保持三角队形，中间慢、两边快，两边传球后要加速跑。传球要到位，以球领人。始终要做斜线传球，用眼睛的余光进行观察。

（三）全场二攻一传、接球训练

目的：体会在有防守的情况下，进行传、接球，提高学生传、接球运用能力。
方法：2人一组，在全场进行传、接球，一人进行防守，然后交换。
要求：传球要隐蔽快速及时到位，防守积极封断。

（四）全场五对五传、接球投篮训练

目的：体会在对抗情况下进行传、接球，提高学生传、接球运用能力。

方法：全场五对五传、接球投篮，进攻队员采用各种传、接球技术，投篮后抢篮板球继续进行练习，如投篮投中或抢到篮板球后，防守队员转入进攻。

要求：进攻队员配合要熟练，传接要到位，要跑开位置拉开层次，防守队员采用先消极防守后做积极防守，进攻队员传球三次后可投篮，但不准运球。

四、篮球传、接球技术教学和训练的建议

1. 在篮球传、接球技术教学中，应使学生正确认识传、接球技术的重要性。同时注意启发教育学生树立对传、接球的责任感和集体主义观念，培养学生主动配合的意识和习惯。

2. 篮球传、接球教学步骤应从原地开始，掌握动作规范，在掌握动作规范的基础上进行移动传、接球教学，再进行与其他技术相结合的练习，最后再进行有防守情况的练习，提高学生在实战中运用的能力。

3. 在篮球教学过程中先教传平直球，再教传折线球，最后教传高吊球。以三种传球路线交替进行练习，促使传、接球手法的正确形成。

4. 在篮球传、接球教学中，要重视传、接球技术教学，传球要及时、快速、隐蔽、准确；接球要积极、认真、主动迎球。形成正确的接球手法，养成接球结束就是传球或其他进攻动作的开始的习惯。

5. 在篮球传、接球教学中，着重加强对学生手腕手指的力量和灵活性的练习，提高控制球的能力，应强调弱手传、接球技术练习，发展提高弱手传、接球技术，以满足篮球比赛的需要。

6. 在篮球传、接球技术教学中，对学生完成的技术动作应及时做出评价，肯定优点，指出错误及其产生原因，并及时采取纠正错误动作的辅助性练习和练习方法。

7. 在篮球传、接球技术教学过程中，要特别注意与其他技术相结合的练习，方法手段形式要多样。同时采用竞赛性、游戏性的练习，以提高学生传、接球技术的运用能力。

第三节　篮球投篮技术教学与训练

一、篮球投篮的动作方法和动作要领

（一）原地投篮

原地投篮是篮球运动中最基本的投篮方法，是行进间投篮和跳起投篮的基础。这种投篮方法比较平稳，便于发挥全身的力量，是一种比较容易掌握的投篮技术。

1.双手胸前投篮

双手胸前投篮的特点是便于和传球、突破技术结合，投篮的力量大，适用于中、远距离，一般女子多用于这种投篮。

动作方法：双手持球于胸前，肘关节自然下垂，两膝微屈，两脚前后或左右开立，重心落在两脚上，眼睛注视瞄准点。投篮时，两脚蹬地腰腹伸展，两臂向前上方伸直，两手腕同时外翻，腰、臂随出球方向自然伸直，脚跟提起。

动作要领：正确持球于胸前，目视投篮瞄准点，蹬地展体臂前上举，两腕外翻拇指压球，最后通过食指、中指尖，腿、腰、臂直提脚踵。

2.双手头上投篮

这种投篮方法持球部位高，防守队员不易干扰，并便于与头上传球相结合，是高大队员常用的投篮方法。缺点是由于置球点高，所以转换其他进攻动作时间长、速度慢。

动作方法：双手持球于头上，肘关切自然弯曲，两脚前后或左右开立，两膝微屈，重心落在两脚之间，目视投篮瞄准点。投篮时，两脚蹬地发力，臂随下肢的蹬地展体向前上方伸直，两手腕同时外翻，拇指稍用力压球，使球从拇、食、中指端飞出。腿、腰、臂随出球的方向自然伸直，两脚跟提起。

动作要领：正确持球于头上，两肘弯曲向前方，蹬地展体臂伸直，两腕外翻拇指压球，最后通过食、中指尖，身体伸直踵提起。

3.单手肩上投篮

这是现代篮球运动中被广泛应用的一种投篮方法，也是行进间、跳起等投篮技术的基础，出手点高，便于结合和转换其他攻击动作，并能在不同距离和位置上运用。

动作方法：右手持球于肩上，左手扶球的左侧，右臂屈肘，前臂与地面接近垂直，两脚蹬地发力，右臂随蹬伸和腰腹的伸展，抬肘向前上方充分伸直，用手腕做前屈的动作使球从食、中指指端飞出。身体重心应随出球的方向上升，脚跟提起。

动作要领：持球翻腕于肩上，两脚开立同肩宽，手腕前屈指拨球，腿、腰、腹、臂自然直。

4. 单手头上投篮

由于持球部位较高，这种投篮方法对方难以防守，一般在近距离和罚球时采用。

动作方法：基本上与单手肩上投篮相同。只是持球于头上部位，球出手时用手腕、手指的力量较多。

（二）行进间投篮

行进间投篮，通常在快攻中或切入篮下时运用，也可以在中、近距离运用。这种投篮的动作方法很多，但根据规则规定，其动作结构基本相同，都是由跨出第一步的同时接球，跨第二步起跳腾空举球完成投篮动作。共同点是右手投篮时第一步先跨右脚同时接球，接着（第二步）左脚跨步蹬地跳起腾空。当身体腾空时，右腿屈膝上抬，并逐渐使身体伸展。根据投篮的具体方法不同，以及运用时为了应付场上变化，第一步和第二步可以有大小、快慢和方向的变化。

1. 行进间篮下单手肩上投篮

动作方法：以右手投篮时，右脚向前跨出时接球，接着迅速上左脚起跳，右腿屈膝上抬，同时举球于肩上做好投篮准备。借左脚蹬地起跳使身体腾空，上体稍后仰，当身体达到最高点时，右手臂柔和地向上伸直，用手腕前屈和手指的力量将球投出。

动作要领：一跨大步接球稳，二跨小步用力跳；身体腾空球上肩，单臂伸直屈手腕；腕指柔和用力巧，双脚落地稳又牢。

2. 行进间中、远距离单手肩上投篮（跑投）

动作方法：跑投的动作在形式上与行进间单手肩上投篮相同，但是在运用时，为了增加投篮的突然性，便于利用惯性拉大与防守者的距离，争取投篮出手高度和机会，投篮接球后的第二步要小，脚跟先着地，要快速充分地用力制动向上起跳，在身体腾空的同时举球上肩，在空中要利用腰腹的力量控制身体平衡，注视投篮目标，跳到最高点时，向上抬肘伸臂屈腕，将球从指端投出。

3. 行进间单手低手投篮

动作方法：以右手投篮时，第一步跨右脚同时接球，第二步比篮下单手肩上投篮时跨得大、速度快，而且是向前上方跳起，同时将球置于胸前。投篮时，左脚蹬地身体腾空（腾空时间要短），球转移到右手并上举，右手五指自然分开，托球向下，手心向上，手臂要充分向前伸直，当接近球篮时，用提肘和手腕、手指上挑的柔和动作，让球由食、中指指端出去，并向前旋转入篮。

动作要领：跨步接球要协调，用力蹬地向前上跳；掌心向上臂伸直，指腕上挑球前旋。

4.行进间反手投篮

动作方法：当进攻队员沿底线突破到篮下，已经处于篮圈下面，可以运用反手投篮。在最后一步起跳时，上体向后仰，抬头看篮，手掌向上，持球前部下方，当球到达最高点时，手腕沿着小指方向转动拨球，使球旋转碰板入篮。

动作要领：跨步节奏清楚，腾空身体向前上方伸展，出手用力柔和。

5.行进间勾手投篮

动作方法：用身体保护球，使球远离对手，不易被盖帽。右手勾手投篮时，左臂屈肘保护球，左肩侧对球篮，投篮手持球由胸前经体侧向右肩上方划弧举球，当球举至最高点时屈腕，手指拨球，使球旋转碰板入篮，亦可以空心入篮。出球时，右腿上抬，膝部弯曲以保持身体平衡。

（三）跳起投篮

1.原地跳起投篮

（1）原地跳起单手肩上投篮

动作方法：以右手投篮时，两手持球于胸前，两脚前后（或左右）自然站立，两膝微屈，重心落在两脚上，然后迅速用力蹬地向上跳起。同时，两手持球至肩上，右手持（托）球，左手扶球的侧方，当身体接近最高点时，右臂抬肘向上伸直，最后用手腕、手指的力量将球投出。

动作要领：两脚开立降重心，双手持球于胸前；蹬地起跳保平衡，迅速举球于肩上；抬肘伸臂前上方，腕指用力投入篮。

（2）原地跳起单手头上投篮

动作方法与原地跳起单手肩上投篮基本相同，其区别在于球的出手点高，是在头上方出手，出手时手腕、手指应适当增加力量。

（3）原地跳起双手头上投篮

动作方法也与原地跳起单手肩上投篮基本相同，其区别在于最后出手时是两手把球投出。

2. 接球急停跳起投篮

动作方法：在快速移动中接球，同时急停（跳步急停或跨步急停），突然起跳，避开防守。投篮出手动作方法与运球急停跳起投篮相同。

动作要领：跳（跨）步急停接到球，屈膝蹬地突然跳；同时举球肩上方，伸臂屈腕指拨球。

3. 转身跳起投篮

这类投篮方法常在接球或抢篮板球后，背对或侧对篮球时使用。根据动作的形式分为转身单脚跳起投篮和转身双脚跳起投篮两种。

（1）转身单脚跳起投篮

动作方法：获球后，背对或侧对球篮，以左脚为轴，右脚向左脚侧前(或侧后)跨一步，脚尖、膝关节和身体转向球篮，右脚蹬地跳起，同时伸臂，最后用手腕、手指的力量将球投出。

（2）转身双脚跳起投篮

动作方法：获球后，背向或侧向球篮，以左脚为轴，右脚蹬地做前（或后）转身面向球篮，同时屈膝用力蹬地起跳，当身体接近最高点时伸臂，最后用手腕和手指力量将球投出。

动作要领：获球背向或侧向篮，一脚为轴前转身；起跳、伸臂、屈腕要协调，接近高点手指用力。

4. 运球急停跳起投篮

动作方法：在快速运球中，运用跳步或跨步急停，紧接着迅速蹬地跳起的同时，双手抄球上举。当身体腾空接近最高点时，投篮出手，动作同原地跳投。

动作要领：运球、急停、抄球与起跳动作衔接要连贯协调，起跳突然，空中保持身体平衡。

5. 跳起转身投篮

动作方法：获球后，背向或侧向球篮，两脚分开自然站立，两膝弯曲，两脚用力蹬地跳起，以转腰、转肩、转头的力量带动身体转向球篮。当身体接近最高点时将球投出。

动作要领：获球背向或侧向篮，两腿弯曲猛蹬地；空中转腰、转肩面向篮，举球、伸臂、屈腕用力量。

二、篮球投篮技术教学和训练的建议

1. 投篮是篮球运动的主要技术，应尽早安排教学。投篮技术的教学顺序如下：先学习原地双手胸前投篮、单手肩上投篮，接着学习行进间单手肩上投篮、单手低手投篮、双手低手投篮，再学习原地跳起单手肩上投篮和急停跳投等。

2. 双手胸前投篮和单手肩上投篮是学习重点，掌握好投篮的手法，带动其他投篮技术的学习和提高。在此基础上掌握好行进间投篮和跳投这一现代篮球运动中普遍采用的重要投篮技术。

3. 教学与训练中，应注意合理安排练习的强度和密度，要有次数和命中率指标的要求。投篮距离由近至远，位置由一点到多点。

4. 教学与训练应与移动、传、接球，运球突破和抢篮板球技术结合进行，提高应变能力和培养每投必抢（篮板球）的意识。

5. 在正确掌握主要投篮技术后，应加强心理训练和在对抗及战术配合中的投篮练习，提高自信心和抗干扰及实战运用能力。

第四节　篮球运球技术教学与训练

一、篮球运球技术动作训练

（一）高运球

运球时，球反弹的高度在腰、胸之间称为高运球。这是在没有防守队员阻挡的情况下，为了加快向前推进的速度或在进攻中调整进攻速度和攻击位置时所采用的一种运球方法。

动作方法：运球时身体重心高，抬头目视前方，上体稍前倾，以肘关节为轴，用手拍按球（拍按球的正上方为原地高运球；拍按球的后侧上方为进行间高运球）并加大力量，球反弹的高度高、距离远、速度快，便于观察场上情况。

动作要领：两腿微屈上体稍前倾，手拍按球的部位正确，手、脚、身体配合协调。

（二）低运球

运球时，球反弹的高度在膝关节以下的运球称为低运球。当被对手紧逼或接近防守队员时，常采用这种运球方法保护球和摆脱防守。

动作方法：运球时遇到防守时，两腿迅速深屈，降低重心，上体前倾角度要大，以身体和靠近防守队员一侧的腿来保护球。同时，用手短促地拍按球，使球从地面向上反弹的高度在膝关节以下，以便更好地控制球和摆脱防守继续前进。

动作要领：突然降低重心，上体前倾，手短促有力地拍按球并控制高度，手、脚和身体协调配合。

（三）运球急停急起

运球急停急起是运球时利用速度的突然变化来摆脱防守的一种方法。多用在对手防守较紧的情况下，在快速运球中突然停止前进，迫使防守队员被动减速停住，趁其重心不稳时，再突然加速起动运球，摆脱防守。

动作方法：在快速运球中，突然急停时，手最后一次拍按球的前上方，两脚做跨步急停，并降低重心，维持身体平衡，用身体、腿和手臂保护球。运球急起时，后脚用力蹬地，上体迅速前倾用手拍按球的后侧上方，迅速起动向前运球，以摆脱防守，获得有利的进攻机会。

动作要领：急停时降低重心，手拍按球前上方；急起时蹬地有力，起动快而猛，手拍按球后侧上方。强调手、脚、身体、视觉的协调配合。

（四）体前变向换手运球

体前变向换手运球是运球队员遇到对手堵截运球前进的路线时，利用突然改变运球方向借以摆脱防守来突破防守的一种运球方法。这种方法多用于对手堵截运球前进路线时运用。

动作方法：运球队员要从对手右侧突破时，先向对手左侧运球，当对手向左侧移动时，运球队员突然改变方向。变向时，右手拍球按球右上方，使球经自己体前拍向左侧，同时，左脚向右前方跨出，上体向左扭转，侧肩挡住防守者，然后用左手拍按球的正后方，手的动作要快，球反弹的高度要低，右腿迅速跨出从对手的右侧突破。

动作要领：变向时抬头目视对手，手拍按球的侧左方，严格控制球的落点，手、脚、肩、身体协调配合。

二、篮球运球技术教学和训练的建议

1. 运球教学与训练，应注意循序渐进、由易到难。一般教学顺序为：高、低运球，运球急停急起，体前变向换手运球，运球转身。

2. 运球的关键是手对球的控制能力和手脚的协调配合。手上功夫要天天练，以熟悉球性，提高控制球、支配球的能力。同时要提高脚步动作的速度和灵活性。

3. 抓好运球基本功训练，使学生正确掌握运球技术动作。要加强弱手运球的训练。对学生完成的技术动作，应及时地做出评定，肯定优点，指出错误，分析出现错误的原因，并采取纠正错误的辅助练习和训练手段。

4. 初学运球时，应严格要求学生养成抬头观察场上情况的习惯。初步掌握运球动作后，应培养学生运球时用身体保护球的能力。

5. 要将运球与传球、突破、投篮等各项技术训练结合进行。培养学生的战术意识，掌握好运球时机，合理地运用运球。

6. 应先在消极防守、后在积极防守情况下练习运球，直至高速度、高强度中进行对抗练习。在运球时敢于接近对手、超越对手，防止消极躲避对手或见到对手上来抢堵就停球的畏惧心理。

第五章　篮球战术的教学与训练

篮球的运动战术是在技术的基础上形成的,是技术的综合运用。篮球战术的运用对篮球运动的结果起着非常重要的作用,因此,战术在篮球运动中是非常重要的,这就要求在篮球运动中一定要注重战术意识的培养及战术水平的提高。我们通常可以将篮球运动战术分为进攻战术和防守战术。

第一节　篮球战术教学的特点与实践方法

一、篮球战术教学的特点

篮球战术教学是一个较为复杂的过程。它有自身的特殊性和规律性,篮球战术教学的特点主要是由上述特征所决定的。本节仅从以下几方面分析:

(一) 技术是构成战术的基础

篮球战术的实现不仅有一定的战术意识的支配,而且要有队员和队员之间合理地运用技术才能完成。篮球战术依赖于一定数量和质量的技术,没有技术就没有战术,战术是技术表现的组织形式。队员要不断提高、完善和更新技术。因为技术是队员进行比赛的手段,队员掌握的技术越全面、熟练、准确、实用,战术的实现就越有保证。就战术本身而言,也是技术动作组合的方法,需要通过队员和队员之间在一定的时机、地点、条件下运用,才能构成战术。

(二) 基础配合是战术教学的重点

篮球战术所表现出的特征要求战术教学中必须切实抓好这些基础配合的学习和磨炼,以达到炉火纯青的程度。由于构成基础配合的环节有固定的模式,并且对每一环节都有具体的要求,所以在教学中就应紧紧抓住这些,使学生能够理解它的战术含义,在具体行动中自觉地执行。如传切配合、掩护配合，从形式上看比较固定也比较简单，但对两个配合队员的要求较高，稍有失误，配合就会失败。这样的基础配合只有在平时的教学中反复练习，并根据内容提出要求，才可能真正掌握，才能在比赛中运用得准确、及时、合理，才可能根据场上的情况使战术的变化更加丰富多彩，使整体战术水平得以提高。

（三）战术意识的培养是战术教学的重要环节

战术意识的培养和提高，是篮球战术教学中的一个难题。战术意识是一种思维活动、智力活动，它表现为快速地对比赛的客观现实的判断、分析和要采取战术行动做出决定。因此，战术意识的培养和提高需要采取多种形式和方法，要从点点滴滴做起，要使学生在头脑中清楚为什么要向这跑而不能向那跑，为什么要向这一侧传球，而不向另一侧传球，以及在进行战术配合时的具体要求，逐步培养提高学生对各种情况的观察、分析、判断和决策能力。培养学生的战术思维能力和正确的思维方法，使战术意识达到一定的水平。

（四）理论教学指导战术训练教学

学生对篮球战术的学习和理解仅靠实践课是不够的。要使学生懂得"所以然"，并使其成为指导自己的战术行动，进行战术理论课的讲授是必不可少的。系统地向学生传授篮球战术知识，进一步阐述战术原则的正确性，战术阵形的排列及各个不同位置的职责，结合重大比赛中的典型战例，运用黑板和各种现代化手段来进行战术分析，帮助学生建立正确的概念和战术认识，使学生清楚他们存在的问题和错误，这是战术理论的主要任务。只有把理论课和实践课有机地结合起来，使学生通过战术理论课的学习更加明确篮球战术的各项内容、原则、要求，再加之学生的理解消化和独立思考，才有可能在实践课中有目的、有意识、自觉地按照战术的要求去行动，达到事半功倍的教学效果。

二、篮球战术教学的实践方法

篮球战术的教学任务，是使学生掌握战术方法并在比赛中运用。由于篮球战术是以篮球技术为基础的，因此，战术教学应与技术教学相结合。战术内容丰富，教学中应按以下步骤进行：

（一）建立战术概念，掌握战术方法

1. 建立完整的战术概念。教师首先要对具体战术的概念、特点、运用目的、攻守战术之间的矛盾关系等进行讲解，使学生对该战术有初步的概念。其次对该战术的落位阵型、移动路线、配合方法、配合顺序、队员职责、同伴协同行动，以及变化规律进行讲解和演示，使学生对所学战术的组织形式和战术方法有基本的了解和认识，以建立完整的战术概念。讲解和演示时，可使用图示、沙盘、电影、录像等进行直观教学，也可在球场上假设攻守的方式试做，让学生实际体会战术阵型、位置分工、移动路线和配合方法，启发学生的战术思维，培养战术意识。

2. 掌握局部战术配合方法。全队战术是由局部战术构成的，掌握局部战术是学会全队战术的前提。教学中要根据全队战术发展的一般规律，把全队战术分解为几个阶段或几个部分，有序地进行重点教学。如学习快攻战术时，把短传快攻分为发动与接应、推进和结束三个阶段，分别进行局部战术教学。这样，既保证了战术的连续性，又解决了战术中的局部问题，为掌握全队战术打下了基础。进行局部战术练习时，要注意局部与局部之间的衔接，也要注意适时进行攻守对抗条件下的练习。

3. 掌握全队战术方法。全队战术方法是在局部战术配合的基础上进行的。教学中可按照全队战术的要求进行，从消极的攻守对抗到积极的攻守对抗，熟练掌握全队战术的配合方法。全队战术对学生的个人技术、局部配合能力和战术意识的要求较高，学习中发现问题要及时地、有针对性地解决，以提高全队战术的质量。

（二）提高攻守转换和综合运用战术的能力

1. 提高攻守转换的能力。在练习中，当进攻结束时，无论对方抢到篮板球还是掷界外球，都应立即封堵与退守，落位并调整防守阵势，迅速转入全场或半场防守。当防守结束时，获球后应直即转入反击，先发动快攻，如果快攻受阻再转入阵地进攻。攻守转换要迅速、流畅。进行攻守转换练习时，可先组织二攻二守、三攻三守、四攻四守，然后进行全队攻防练习。可采用多种方法，培养学生攻守转换意识，提高攻守转换的速度。

2. 提高综合运用战术的能力。根据学生掌握战术方法的数量和质量，以及攻守转换能力的高低，可逐步要求学生有策略地运用多种战术。如在一个防守回合中，在前场采用全场紧逼，后场改为半场盯人或区域联防；在半场防守时，区域联防可变为对位联防或半场盯人防守。攻守双方根据对方的战术变化相应地改变战术打法，可以提高综合运用战术的能力。

(三) 提高战术运用和应变能力

在篮球战术教学中，应通过教学比赛或课外比赛，让学生在竞赛实践中进一步掌握战术方法，使他们能根据对手情况选择和运用战术，并能在比赛中根据战局变化改变战术打法，提高应变能力。教师应在比赛前提出要求，进行引而不发的指导，帮助学生进行赛后总结，理论联系实际，提高学生的战术水平和战术意识。

(四) 发现与纠正错误

1. 及时发现错误。发现错误是纠正错误的前提。这就要求教师要有对错误的观察和判断能力。这种观察和判断能力来自对篮球战术的深入研究，来自多学科理论的积累，来自长期教学经验的总结，来自对教学工作的敬业精神。教师应该准确把握正确战术的结构和表现形式，把握战术的关键，对战术的细节要了如指掌。这样，当学生一旦出现错误就会立即被发现。

2. 分析错误产生的原因。当教师发现了学生的错误时，不一定能立即判断出产生错误的原因。学生的个体差异较大，同样的错误可能是由不同的原因造成的。分析产生错误的原因是纠正错误的基础。因此，教师必须运用自己的知识和经验，细致准确地分析，找出错误发生的原因。教师要对具体情况进行具体分析，对难以找出原因的错误要采用录像分析、生物力学分析等手段。只有正确地分析产生错误的原因，纠正错误才能更有针对性，效果才显著。

3. 纠正错误。纠正错误的方法很多。这些方法可以单独使用，也可以结合使用，但必须具有针对性，达到"药到病除"的效果。

（1）讲解示范法。讲解示范法主要用于纠正因概念不清，没有建立正确战术表象而产生的错误。讲解要生动形象，启发学生的思维。示范可以用完整、分解、慢动作、正误对比等方法，示范的位置可采用正面、侧面、背面、镜面等。

（2）诱导法。采用动作结构与正确技术相似但较为简单的练习手段，帮助学生建立正确技术的运动感觉。诱导法包括语言诱导、模仿诱导、外力诱导等。

（3）变换法。对一些难度大的技术或战术，可以改变练习方法，降低练习难度，分解技术动作或改变练习环境，使错误动作得到纠正。

（4）鼓励法。鼓励法主要用于纠正因恐惧心理而产生的错误。鼓励法可以与变换法同时使用，降低练习难度，在学生完成难度较小的动作后予以鼓励和表扬，使其建立完成正确技术的信心，然后逐渐加大难度，使其完成战术学习。

（5）暂停练习法。对某些学生的错误动力定型难以纠正，可以停止其对某个动作的练习，使其对某个错误动作"忘却"一段时间，以达到纠正错误的目的。

（6）限制法。采用限制性手段，迫使学生按照教师的意图去完成技术或战术配合，以达到纠正错误的目的。可以设置标志，限制学生的行动路线或动作幅度；限定学生完成战术的时间；限制练习时运用战术的种类或方式；用特殊的教具限制学生的动作等。

纠正错误时候，要以正面教育为主，要有耐心，同时要抓住主要矛盾即主要错误进行纠正，对普遍性错误采取集体纠正的办法，个别学生的错误采取单独纠正的办法。在课堂中教会学生发现错误、分析产生错误的原因、纠正错误的方法，使学生学会在老师不在场的情况下，自己或互相纠正错误，提高他们分析和解决问题的能力。

第二节 篮球防守战术教学与训练

一、防守配合的教学方法

（一）"关门"配合教学方法

1. "关门"配合的脚步动作练习

目的：使学生掌握"关门"配合时的脚步动作。

方法：队员两人一组按照老师要求做"关门"配合时的脚步动作练习。

要求："关门"时，两人要向后同时撤步，重心不要过高，脚步动作快而有力。

2. 在进攻队员配合下的练习

目的：使学生掌握"关门"的时机与运用技术的方法及"关门"时位置的选择。

方法：⑥传球给⑤后到⑤的位置，跟随⑥移动，⑤接球后传给④后到④的位置。④运球突破，⑤和⑥做"关门"练习。之后④到⑥的队尾，⑤到的原来位置。（如图5-1所示）

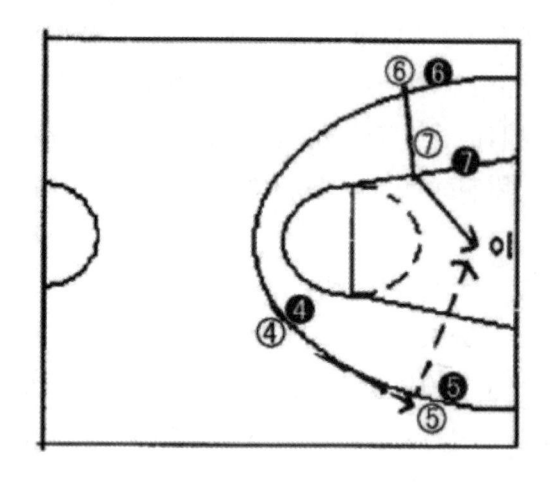

图5-1 进攻队员配合练习示意图

要求:"关门"的时机要选择好,注意手的动作,不要犯规。

3. 在进攻条件下的练习

目的:改进"关门"配合时技术动作方法,提高学生"关门"配合的能力。

方法1:半场三防三练习,三名队员在外围相互传球,寻找从两名防守队员之间突破的机会。除了要防住自己的对手外,还要协助邻近同伴"关门",不让对方突破到篮下。当进攻者突破不成把球传出时,"关"队员还应快速分开去防自己的对手。

要求:根据对手有球或无球情况,及时选择有利的防守位置。

方法2:半场四防四练习方法与要求基本同方法1。

要求:开始练习时,在消极进攻条件下进行,当学生掌握"关门"配合方法后,可加大进攻的难度,以提高防守者"关门"配合的能力。

4. 在比赛条件下练习

目的:提高学生突分配合的应变能力。

方法1:在半场人盯人防守情况下的"关门"练习。

方法2:在联防情况下的"关门"练习。

要求:"关门"时不要犯规,回防要迅速。

(二)挤过、穿过、交换防守、补防配合教学方法

1. 半场徒手练习

目的:改进学生挤过、穿过、交换防守时的脚步动作。

方法1:两人一组并排站立,一人经过另一人身前时做挤过步或穿过步练习。

要求:做挤过时跨步要快速有力,身体要紧贴。

方法2：队员三攻三守，三个进攻队员之间相互做掩护，可先后顺次做挤过、穿过、交换防守配合。

要求：当进攻者掩护时，一定要有提醒信号，脚步动作要快速。

2. 半场结合球的练习

目的：提高学生依球的位置来进行穿过、挤过、交换防守的配合能力。

方法1：一进攻队员传球给另一进攻队员后，立即进行侧掩护，两名防守队员做穿过、挤过和交换防守的配合。

要求：脚步动作要快，防守配合时要判断好球的位置。

方法2：教师在弧顶外持球，其他三名队员在底线轮流做定位掩护，练习挤过、穿过、交换防守。

要求：交换防守练习时，防守被掩护的队员要根据球的位置快速转身，抢在被掩护者的前面并干扰接球。

方法3：换补练习，一防守队员被进攻队员运球突破后，发出补防信号，另一防守队员突然移动到进攻队员的前进路线上进行堵截，漏防的防守队员快速跑到另一进攻队员前进行防守。

要求：发信号要及时，补防时要站在突破者前进的路线上进行防守，或制造对手撞人犯规，漏防的防守队员要快速抢占有利位置截断回传球。

3. 半场二对二或三对三练习

目的：提高学生在对抗条件下防守配合的能力。

方法：在半场二对二或三对三练习中，进攻一方采用传切、突分、掩护等配合，防守一方根据教师的要求进行防守基础配合练习。

要求：进攻队先在慢速中进行练习，当防守者基本掌握防守基础配合方法时加快进攻的速度。防守者发出的信号要及时，所采用的防守基础配合要坚决，要充分利用身体进行防守，但不要犯规。

（三）夹击配合教学方法

1. 夹击配合的脚步练习

目的：使学生掌握夹击配合时的脚步动作。

方法：一名队员原地持球，两名队员相距持球队员3～4米，做迎上夹击脚步练习。

2. 在进攻协助下的练习

目的：使学生掌握夹击时手、脚的动作方法及夹击最佳的区域。

方法1：中线与边线夹角处夹击练习，一队员运球，跟追防守，当这名队员运球接近中线时，立即迎上夹击。

方法2：底角夹击练习，一队员传球给在底角的另一队员时，和配合上前的队员一起夹击底角的这名队员，同时要及时切断传球路线。

方法3：边线夹击，一队员把球传给另一队员后，这名队员沿边线突破，这时该名队员要快速堵截他的运球，也尾随紧迫和同时配合夹击。

要求：夹击区域一定要在中线、边线相交的场角，堵截队员要抢先站在运球者的移动路线上，注意手、脚的配合，不要犯规。

方法4：对内线队员夹击练习，一队员持球防守，另一队员切入篮球下接球，前一队员应回撤与夹击。

要求：回撤要快速，和夹击时尽量贴紧持球者，并积极干扰传球。

3. 在积极进攻条件下的练习

目的：在进行夹击配合时，提高学生对时机、位置的选择及配合能力。

方法：一进攻队员传球给摆脱接应的队员，并运球突破，防守队员放边堵中，迫使进攻队员沿边线运球。当运球临近中线时，防守队员及时迎上迫使进攻队员停球，两防守队员与夹击该名进攻队员。球在前场时，一防守队员对应防守进攻队员，当夹击快要形成时，快速后撤。

要求：防运球的队员应堵中放边，夹击时首要任务是封堵传球路线造成对方失误。

4. 在教学比赛条件下练习

目的：在对抗条件下提高学生夹击配合的运用与应变能力。

方法1：在半场人盯人或联防条件下练习，根据教师的要求或信号可在边线、底角和对中锋夹击。

方法2：在全场紧逼人盯人条件下练习，根据教师的要求或信号在中线或中线与边线夹角处进行夹击。

要求：夹击要及时果断，注意补防和轮转换位。

（四）围守中锋配合教学方法

1. 在消极进攻条件下练习

目的：使学生掌握根据球的位置围守中锋的站位方法。

方法：中锋在内线站立，三名队员在外线传球，根据球的位置进行围守中锋的练习。开始练习只是外线相互传球，当围守中锋站位基本掌握时，可把球传给内线。

要求：当中锋接到球时，可进行夹击封堵，当中锋把球传出后要立即根据球的位置变化防守。

2. 在积极对抗条件下练习

目的：提高学生围守中锋的配合及应变能力。

方法1：外线队员相互传球，寻找机会将球传给篮下中锋，这时要根据自己所防守对手有球或无球的情况及时调整防守的位置。当对手有球时，上前积极封堵不让其顺利传球；当无球时，及时回撤协防中锋。

要求：开始练习时，两名进攻者原地传接球，熟练后则交叉换位，中锋也可移动接球。封堵传球和协防中锋时脚步要快速，夹围中锋时要充分利用身体占据有利位置，避免犯规。

方法2：两名队员相互传球，寻找机会向中锋传球，当一名队员传球给另一名队员时，防守队员绕前防守中锋，这时中锋队员用后撤步接高吊传球，防守弱侧的队员要及时移动补防争取断球。

要求：绕前防守，补防的时机为中锋刚要接到球时。

二、防守基础配合综合练习

（一）半场一对一练习

目的：使后卫队员、前锋队员和中锋队员正确调整防守位置，既要助守中锋，又要及时回防原来的对手，以发展攻击性防守技术。

方法：练习时，外围三名队员传球，防守队员根据球和进攻队员的位置进行练习。

要求：脚步动作要快速，球始终在防守者的视野之中。

（二）半场二对二练习

目的：使防两侧前锋的队员配合默契，并兼顾球和对手的进攻行动。

方法：两名教练员在不同位置上传球，要求进攻人在底线或罚球线一带做交叉掩护，也可在任一侧前锋位置做掩护。防守队员要相互呼应，合理利用防掩护配合控制对手。攻方出现掩护配合摆脱防守时，教练员把球传给摆脱的进攻队员，该队员再回传球给教练，达到一定传接球次数后可进行二对二比赛，防守队员防守成功达到规定次数后，攻守交换。也可在后卫间、前锋与中锋、中锋与后卫等组成的二对二攻守配合中反复进行练习。

要求：刚开始练习时，可按规定的破掩护方法进行练习，然后再根据对手进攻情况灵活地运用破掩护的方法。

（三）半场三对三练习

目的：提高防掩护及进行"关门"、补防和夹击等防守配合的能力。

方法：教练员传球，两名后卫与一名前锋组织进攻配合。一名后卫摆脱接球后，防守他的队员迫使其向中路运球，争取同伴在适当时机"关门"或夹击。当突破分球给另一后卫时，防守者快速回防，这时前锋做后掩护，后卫运球经外侧突破，要求喊"换人"，防守者积极抢占前锋与球之间的位置，防止后卫将球传给前锋。在配合时，要人球兼顾，缩回补防篮下或补断后卫与前锋之间的挡拆配合。防守成功达到规定指标后攻守交换。练习也可在前锋与中锋、中锋与后卫之间进行练习。

要求：每次练习都要对攻守双方提出具体要求，交替轮流组织中锋与两名前锋、中锋与两名后卫、中锋、后卫与前锋等不同组合形式和不同区域的三对三攻守配合练习。

（四）全场四对四练习

目的：提高学生防守基础配合的应变能力，提高全队防守质量。

方法：全场练习时，先在半场四对四练习，进攻队投中仍在半场进攻。在另半场准备四人防守，一旦攻方失掉球，原防守队立即反击快攻，由攻转守的组练习夹击防守，到中线后返回，另半场四名队员交替防守，反复进行。在上述练习中，教师应对"关门""挤过""交换防守""围守中锋""夹击"等防守配合提出不同的要求。

要求：攻守转换要迅速，进行各种防守配合练习时，开始要有所侧重，然后可灵活运用，注意不要犯规。

（五）全场五对五练习

目的：提高防守基础配合的质量。

方法：采用联防、半场人盯人防守、全场人盯人防守和前场盯人、后场联防的不同形式练习。在练习中可提出规定（如夹击成功加1分，围守中锋成功得1分，破坏掩护配合成功得1分，补防成功得1分）来提高防守配合的质量。

要求：攻击转换的速度要快，减少犯规。

三、防守基础配合教学易犯错误及纠正方法

（一）"关门"配合易犯错误及纠正方法

易犯错误1：对持球突破队员进攻意图判断不准，时机掌握不好。

纠正方法：明确讲解与示范"关门"的时机，练习中应注意判断时机能力的培养。

易犯错误 2：配合时移动路线不合理，动作过大或过猛，造成犯规或漏洞。

纠正方法：反复强调"关门"的主要目的是造成对方失误，不要犯规，正确示范防守时的位置路线和手脚的协调配合。

易犯错误 3：配合时的位置、距离选择不当，配合效果差，配合成功后，调整防守速度慢。

纠正方法：通过信号刺激，指出如何回防，提高配合质量。

（二）挤过、穿过、交换防守配合易犯错误及纠正方法

易犯错误 1：配合不默契、协防能力差。

纠正方法：反复讲解与示范防守掩护配合的方法和要求，在练习中强调协防能力的培养。

易犯错误 2：技术动作运用不合理、不正确，易造成犯规或贻误时机。

纠正方法：在二对二、三对三的练习中，强调技术动作正确运用的意义。先在慢速中体会配合动作，逐渐提高动作速度。教师在配合时，发出"撤步""快上""跟上""换防"等信号，以帮助完成配合。

易犯错误 3：配合成功时，不能及时调整防守位置和有效地防住对手。

纠正方法：讲解配合后继续防守对手的重要性和必要性。教师应站在配合的位置上帮助调整继续防守的位置和距离，使队员处于积极主动且具有攻击性的位置上。

（三）夹击配合易犯错误及纠正方法

易犯错误 1：防守队员对进攻队员的意图判断不准确，配合时机掌握不好，造成防守失利或犯规。

纠正方法：反复讲解判断意图和选择时机的方法，通过语言刺激，帮助完成配合。

易犯错误 2：位置和距离选择不当，移动速度慢。

纠正方法：重复示范配合时两队员移动路线、位置、距离及身体和手部的姿势与技术的正确运用。

易犯错误 3：身体和手臂动作伸展不开，夹击配合空间小。

纠正方法：讲明夹击时其他队员的位置与移动和断球的时机及技术要求。

易犯错误 4：其他队员不善于及时补位或抢断球。

纠正方法：在慢速和规定路线条件下进行练习。

（四）围守中锋易犯错误及纠正方法

易犯错误 1：中锋很容易接到球。

纠正方法：反复强调积极封堵外围传球是使中锋接球困难的非常重要的环节。进一步讲解与示范封堵外围传球，侧前与绕前防守中锋的动作方法，选择三对三、四对四练习，反复实践。

易犯错误 2：中锋接到球后围守不及时，犯规多。

纠正方法：进一步讲解与示范围守中锋的动作方法，特别要讲明在围守中正确运用腿、躯干、手臂的动作、方法，在对抗练习中随时提醒围守的时机。

四、防守基础配合教学与训练建议

1. 应狠抓配合意识、配合时机、配合位置、配合路线及配合技术动作的训练和提高。要求迅速果断，避免犯规。

2. 应强调配合后继续防守对手的训练，使之继续保持防守的积极性、合理性。

3. 应注意合理地运用语言信号，如"防守""换防""不换"等，鼓动情绪和提高配合效果。

4. 注意进攻与防守配合的密切协作，互相促进、共同提高。

第三节 篮球进攻战术教学与训练

一、进攻战术的配合方法

（一）传切配合

传切配合的方法有以下几种：一传一切配合，指持球队员传球后，利用起动速度或假动作摆脱防守，向篮下切入接回传球的配合；空切配合，指无球队员掌握时机、摆脱对手，切向防守空隙区域接球投篮或做其他进攻配合。

1. 徒手跑路线练习

（1）徒手跑路线练习

目的：使学生熟悉传切配合时的跑动路线，掌握切入时的跑动方法。

方法：学生分为 2 组，进行徒手的横切或纵切练习。

要求：切入前要有假动作，切入时起动要突然，要面向球快速切入。

（2）3人一组空切练习

目的：使学生熟悉传切配合时的跑动路线，掌握切入时的动作方法。

方法：学生分3组进行徒手的横切与纵切练习。

要求：切入前要有假动作，切入时起动要突然，切入时要面向球。

（3）结合传接球跑路线练习

目的：使学生掌握切入时的跑动方法及传球的时机。

方法1：学生分为2组，一学生做投篮或持球突破假动作，当另一学生空切篮下时，迅速将球及时传球给切下的学生投篮。

方法2：学生分为2组，一学生传球给另一学生后立即快速切入篮下接其的回传球投篮。

要求：切入前要有假动作，切入时要突然快速，传球时要有假动作，根据同伴切入情况及时传球，要做到人到球到。

（4）三人一组结合传接球跑路线练习

目的：使学生掌握切入的动作方法，明确切入时机。

方法：学生分为3组，④传球给⑤后立即进行横切，⑤传球给⑥后立即进行纵切，⑥传球给⑦后立即进行横切。按上述方法循环练习。（如图5-2所示）

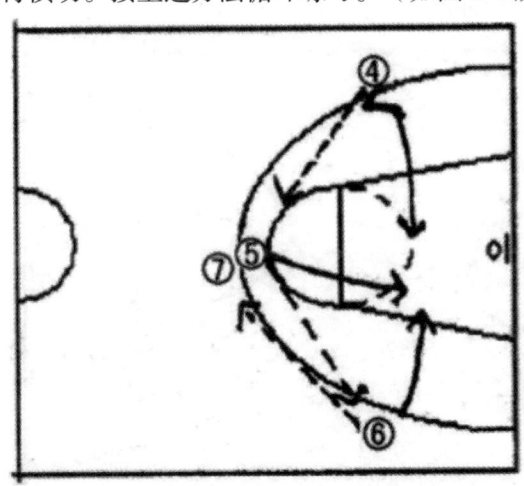

图5-2　三人一组结合传接球跑路线练习示意图

要求：切入时要面向球，要突然和快速。传球后做假动作，当同伴接到球时（作为切入信号）立即切入。

（5）二、三人传切配合练习

目的：使学生掌握切入与传球时机，提高学生传切配合时切入与传接球的能力。

方法1：学生分为2组，④传球给⑤后做假动作，然后变向切入按⑤的回传球投篮，⑤传球后跟进抢篮板球或补篮，④与⑤交换位置，依次进行练习。（如图5-3所示）

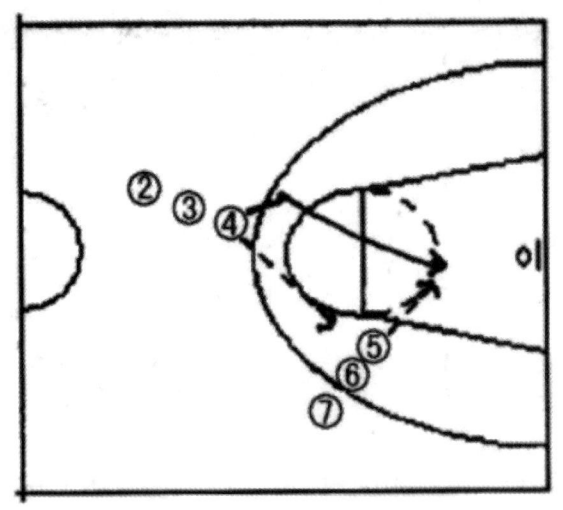

图5-3　二、三人传切配合练习方法1示意图

要求：切入动作突然快速，传球及时隐蔽到位。

方法2：学生分为3组，④、⑤各持一球，④传球给⑥后从右侧切入接⑤传球投篮，⑤传球给④后，横切接⑥传球投篮，④、⑤投篮后自抢篮板球传给本组另一人。按逆时针方向换位，连续进行练习。（如图5-4所示）

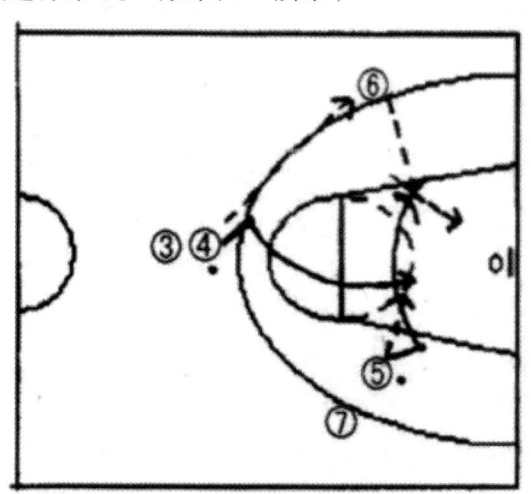

图5-4　二、三人传切配合练习方法2示意图

要求：④、⑤切入动作要突然快速，⑥传球要及时隐蔽到位。

方法3：学生分为3组，④传球给⑤时，⑥空切到篮下接⑤传球投篮，⑤传球后跟进抢篮板球，按顺时针方向轮换位置依次进行练习。（如图5-5所示）

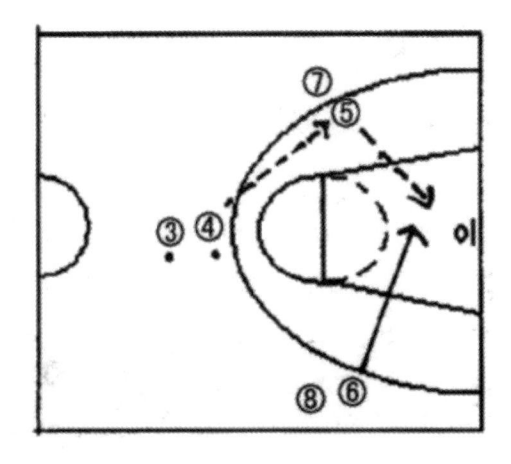

图5-5　二、三人传切配合练习方法3示意图

要求：当④球离手一刹那⑥快速空切到篮下接⑤传球投篮。

方法4：学生分3组，④把球传给⑤时，⑥空切穿过限制区接⑤传球时，④空切至篮下接⑥的传球投篮，⑤跟进抢进攻篮板球。按顺时针方向轮换位置，依次进行练习。（如图5-6所示）

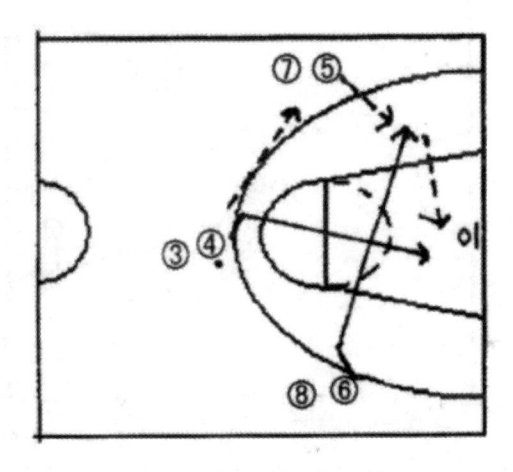

图5-6　二、三人传切配合练习方法4示意图

2.有防守情况下的练习

（1）半场一对一练习

目的：改进切入动作，提高快速切入能力。

方法：把球传给教练员并用假动作摆脱教练员后，快速切入篮下接教练员的球投篮。

要求：假动作要逼真，变向要突然，切入要快速。

（2）半场二对二练习

目的：提高学生快速切入和隐蔽传球的能力。

方法1：一学生持球，另一名学生摆脱后接同伴的传球后运用假动作吸引防守者，当前面学生摆脱切入时，另一名学生应及时传球给切入学生投篮，然后进攻变防守。

要求：当传球出手的一刹那，应立即做假动作摆脱切入。另一名学生要有假动作吸引防守者。

方法2：无球学生接球前应摆脱防守，当一学生传球给同伴后应先向左下压，然后从右侧切入接同伴的回传球投篮。如堵截切入路线，则可立即从左侧切入篮下接同伴的回传球投篮。

要求：接球前必须运用假动作摆脱防守，切入队员要根据防守情况快速选择切入的路线。

（3）半场三对三练习

目的：进一步提高传切配合能力，增加学生的配合意识。

方法：在⑤摆脱防守的同时，⑥也开始摆脱防守，并根据⑤的位置向右横切，或由底线插到篮下接⑤的传球投篮。（如图5-7所示）

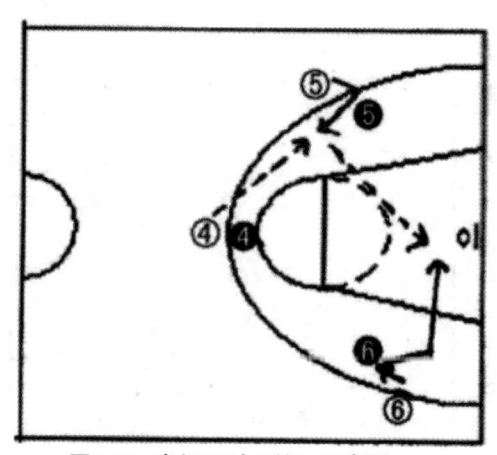

图5-7　半场三对三练习示意图

要求：⑤接④的球后要有瞄篮动作来吸引防守者，在⑤接球的一刹那，⑥出现在有利的接球位置上。

通过上述练习，学生基本掌握了传切配合方法后，可组织半场二对二、三对三教学比赛来巩固和提高传切配合的应用能力。

（二）掩护配合

掩护配合是掩护队员采用合理的行动，用身体挡住同伴的防守者的移动路线，使同伴借以摆脱防守，或利用同伴的身体摆脱防守而接球进攻的一种配合方法。

掩护时，掩护队员跑到同伴的防守者前、后或侧面，保持适当距离（要符合规则要求），两脚开立，膝微屈，两臂屈肘于胸前，上体稍前倾，扩大掩护面积。当同伴利用掩护摆脱防守时，掩护队员要及时转身跟进，准备抢篮板球或接回传球。

掩护配合可以由无球队员给有球队员掩护，也可以由有球队员给无球队员掩护和无球队员给无球队员掩护。

1.掩护配合的方法

（1）前掩护：掩护队员站在同伴的防守者前面，用身体挡住防守者向前移动的路线，使同伴借机摆脱防守的一种配合方法。

（2）后掩护：掩护队员站在同伴的防守者身后，挡住防守者的移动路线，使同伴借以摆脱防守的配合方法。

（3）侧掩护：掩护队员站在同伴防守者侧面，用身体挡住防守者的移动路线，使同伴借以摆脱防守的一种配合方法。

2.掩护配合的要求

（1）掩护时，队员的身体姿势要正确，距离要适当，动作要合理，行动要隐蔽。

（2）被掩护的同伴要利用假动作配合行动，当同伴到达掩护位置时，摆脱对手的行动要及时、突然、快速。

（3）两人要配合默契，及时行动，并根据情况变化，及时应变，争取第二个攻击机会。

3.掩护配合的练习方法

（1）徒手做掩护的跑动路线练习（以侧掩护为例）

目的：熟悉掩护路线、位置，掌握掩护方法。

方法：全队分成2组，依次到老师身旁做侧掩护跑动路线练习。

要求：掩护者掩护时首先要有摆脱防守的假动作，并与防守同伴的队员保持适当距离。

（2）结合传接球的掩护配合练习（以侧掩护为例）

目的：掌握掩护方法，提高掩护配合质量。

方法1：全队分成甲、乙2组，甲组每人持一球，甲一学生传球给乙一学生后到老师旁做侧掩护，乙另一学生运球突破上篮。

方法2：全队分成甲、乙、丙3组，乙组每人持球，甲一学生传球给丙一学生后到老师旁做侧掩护，乙一学生切入并接丙一学生的传球投篮。

要求：注意掩护动作，传球要及时。

方法3：2人一组，相距6米。一学生传球给另一学生后去给其做侧掩护，接球后，先向右做跨步切入假动作，当前一学生掩护到位时，应及时向另一侧斜前方切入，然后传球给做掩护后转身跟进的学生，再去给其做掩护。如此交替进行练习至对面篮下投篮，再返回。

要求：注意掩护距离，运球队员超过掩护队员的一刹那，掩护队员要快速转身跟进。

（3）在有防守情况下的练习

目的：掌握正确的掩护动作方法，提高掩护配合的质量。

方法1：一学生持球，另一学生摆脱后给持球队员做侧掩护，让其运球突破上篮。

要求：切入前要先做吸引对手的动作，掩护者到位时运球突破，掩护人注意转身跟进。

方法2：一学生把球传给一固定学生后，给一同伴做侧掩护，让其摆脱防守后切入篮下接传球投篮。

要求：切入要突然、快速。

方法3：一学生运球给一同伴做运球掩护，让其做摆脱动作后跑到运球同伴前再利用他的掩护投篮。

要求：运球掩护时要先转身挡人，后传球。要有摆脱动作，要紧贴同伴切入传球。

（三）策应配合

策应配合是指进攻队员背对篮筐或侧对篮筐接球，由一队员做枢纽，与同伴相配合形成一种里应外合的配合方法。

1. 策应配合要求

策应者要及时抢位要球，接球后，两手持球于胸前，两肘外展保护球。策应者如果身材高大，也可把球置于头上，要随时观察场上情况，以便及时把球传给处于最有利位置的同伴，同时要把握自己的进攻机会，根据攻防情况，处理好内外结合的关系。在策应时，要用转身、跨步等动作协助同伴摆脱防守或个人进行攻击。配合队员要根据策应者的位置，及时把球传到远离防守的一侧，做到人到球到，并设法摆脱防守，准备接球。配合结束（投篮）后，两人立即跟进抢篮板球。

2. 策应配合的练习方法

（1）策应配合基本练习

目的：掌握策应动作方法及传球时机。

方法：一队员传球给插到外策应位置的队员后做摆脱动作切入篮下。

要求：插上动作要迅速，传球要及时，切入要突然。

（2）无防守情况下策应配合练习

目的：掌握策应技术动作和策应配合时机，以提高学生策应配合能力。

方法1：一队员传球给插到内策应位置的队员后，迅速切入篮下接同伴的回、传球投篮。

要求：策应位置要正确，传球要及时。

方法2：一队员持球，另一同伴插到罚球线做外策应，这时持球队员把球传给外策应同伴后，跑到同伴前面接其传球投篮或运球切入篮下。

要求：插入策应位置时要果断，传球要及时，策应人转身跟进也要及时。

（3）在有防守情况下策应配合练习

目的：提高学生策应配合时的应变能力。

方法1：一队员传球给另一队员后，迅速绕切接其传球后运球突破上篮。该队员传球后转身跟进，准备接同伴回传球投篮或抢篮板球。

要求：运球突破时应与同伴的距离尽量缩短，当同伴运球超过自己的一刹那，注意转身挡人并及时跟进。

方法2：一队员传球给同伴后绕切篮下，同伴在绕切后转身面向球篮，把球传给切入篮下的队员投篮，传球后跟进抢篮板球。

要求：必须转身挡人，面向球篮把球传给同伴。

方法3：一队员传球给同伴后绕切时，同伴向传球队员做假传球并突然向该队员切入的反方向转身投篮或快速运球突破上篮。

要求：要有传球的假动作，要快速切入篮下，拉空进攻区域，以便给同伴更好的攻击机会。

上述有防守练习开始时可在消极防守下练习，当学生基本掌握配合方法时，可加大防守的难度来提高策应配合时的应变能力。

（四）突分配合

突分配合是持球队员突破后，利用传球与同伴配合的方法，是一队员突破后，遇到另一队员迎上补防，立刻把球传给切入篮下的这一队员，其接球后投篮或与其他同伴配合。

1. 突分配合的要求

突破要突然、快速，在突破过程中既要做好投篮的准备，又要随时注意观察场上攻守队员的位置和行动，以便抓住有利战机，及时、准确地把球传给有利进攻的同伴。

2. 突分配合的练习方法

（1）无人防守情况下原地持球突分配合练习

目的：提高学生"分球"技术及"跟进"的时机。

方法1：一队员从中路持球突破，在限制区内传球给切入的队员。

方法 2：全队分为 3 组，一队员从底线持球突破，传球给切入的队员。

要求：传球要果断，方法要多样（如直传、反弹、背后、点拨、假投篮变传球等），跟进队员不要过早地进入限制区。

（2）接传球快速突分配合练习

目的：改进学生接球后突破技术，提高突分配合能力。

方法：基本同上，只是在原地持球突破前进行一次传接球。

要求：接传球后立即快速突破，不要走步，当突破队员突破起动时，跟进队员立即做摆脱动作跟进。

（3）在有防守情况下的突分配合练习

目的：提高学生突分配合的应变能力。

方法 1：一队员接教练员传球后向篮下运球突破，当遇到补防时，将球分给移向空位的队员，该队员接球投篮。

要求：接球前要做摆脱动作，突破时保护好球，移向空位的队员要及时突然移动至空隙地区接应。

方法 2：一队员由 45°角处运球突破，遇夹击或"关门"时，另一队员应及时横向移动，接其回传球进攻。

要求：要摆脱防守接球，突破要快速，跟进接应要及时。

上述练习开始时在消极防守情况下练习，当学生掌握突分配合的基本方法后可加大防守的难度，在半场二对二、三对三对抗中练习，也可在全场五对五的教学比赛中对突分配合提出特殊的要求来进行练习。

二、进攻基础配合综合练习

（一）半场三对三练习

1. 两名后卫、一名中锋

方法 1：④、⑤为两名后卫，⑥为中锋，④号传球给插到外策应位置的⑥后，给⑤做侧掩护，⑤切入接⑥回传球投篮，如⑤接球时机不好，⑥传球给包切过来的④投篮。（如图 5-8 所示）

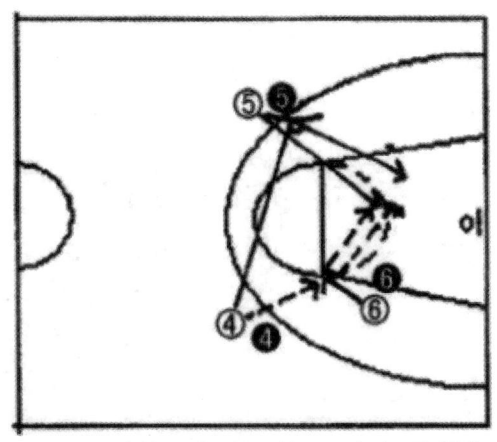

图5-8 半场三对三练习练习1方法1示意图

要求：中锋插上要突然，后卫传球要及时、到位，切入时机和包投时机要掌握好。

方法2：④、⑤为两名防守，⑥为中锋，⑤传球给④，利用⑥的定位掩护切入篮下接④传球投篮。如④接球时机不好，④传球给⑥投篮或④传球给⑥后利用⑥的掩护进行包投。（如图5-9所示）

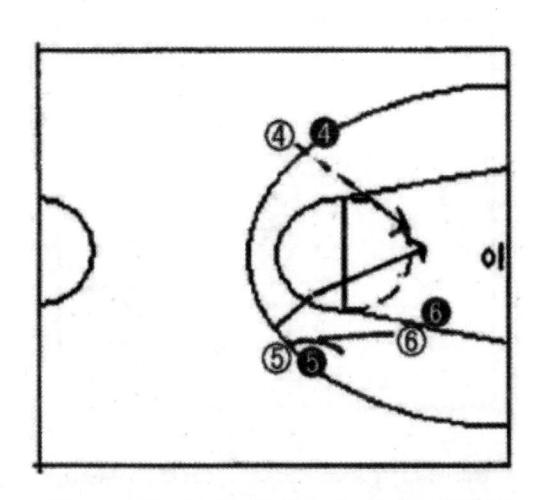

图5-9 半场三对三练习练习1方法2示意图

要求：掩护质量要高，传切要快速和突然，中锋掩护完成后要快速调整位置，随时准备接球进行攻击。

2.一名后卫、一名中锋、一名前锋

方法1：④为后卫，⑤为边锋，⑥为中锋，⑤在底线持球突破，遇到防守时传球给插入限制区的中锋⑥投篮，或传给跑到边线与底线夹角处的后卫④投篮。（如图5-10所示）

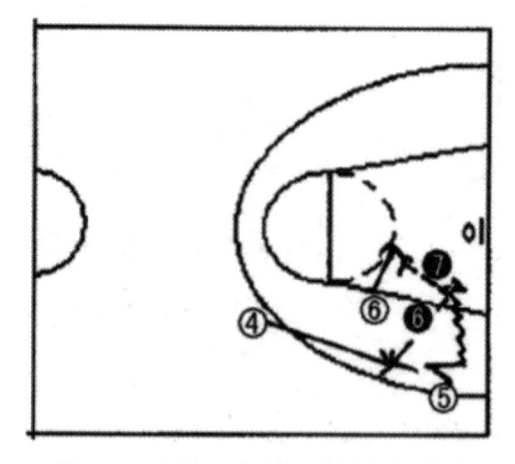

图5-10 半场三对三练习2方法1示意图

要求：突破分球要隐蔽，跟进插入要及时。

方法2：⑤利用⑥的定位掩护，从底线切入接④的传球投篮，⑥做完定位掩护后立即插入到外策应位置，接④传球投篮。（如图5-11所示）

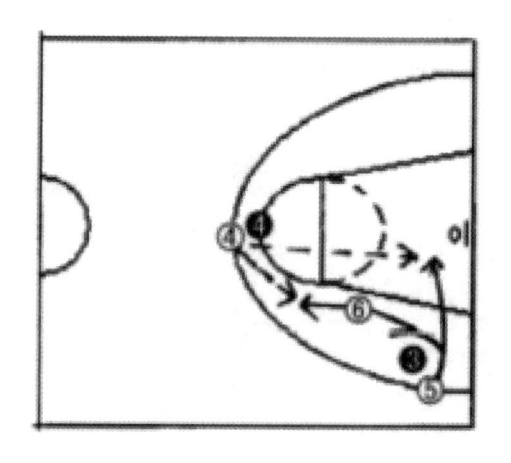

图5-11 半场三对三练习2方法2示意图

要求：定位掩护质量高，传接球及时，掩护后应及时调整位置接球投篮。

（二）半场四对四练习

1.两名中锋、一名后卫、一名前锋

方法1：⑥、⑦为两名中锋，④为后卫，⑤为前锋，④传球给⑤时，⑦插入外策应位置接④的传球投篮，或传给插入限制区的⑥投篮，也可传球给包切过来的⑤或④投篮。（如图5-12所示）

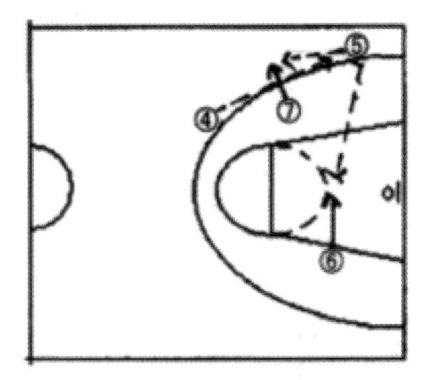

图5-12　半场四对四练习1方法1示意图

方法2：④传球给⑤后利用⑦的定位掩护切入篮下接⑤的传球投篮，如没有机会给⑥掩护，当④没有接球机会时，⑤传球给⑦或⑥投篮，⑥利用④的掩护切入限制区投篮。（如图5-13所示）

图5-13　半场四对四练习练习1方法2示意图

要求：策应位置正确，切入及时、突然，传球做到"人到球到""球到人到"。

2. 一名中锋、两名前锋、一名后卫

方法：④为后卫，⑤、⑥为前锋，⑦为中锋，④传球给⑤时，⑥从另一侧溜底，利用⑦的定位掩护接⑤的传球投篮，或与⑦进行二对二的攻击。（如图5-14所示）

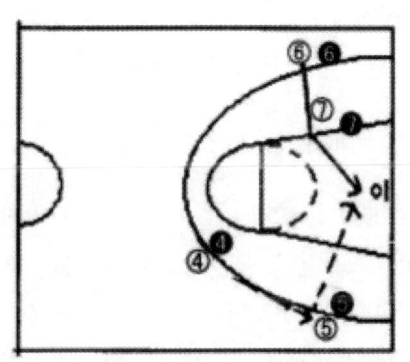

图5-14　半场四对四练习练习2示意图

（三）半场五对五练习

方法与要求：配合形式与四对四基本相同，但要求突出重点地进行练习配合，要有具体的标准和计分评定，在接近或超过实战强度的情况下做竞赛练习，包括完成练习效果评价，必要时停下来进行指导。大多数练习都有附加规则，对强调的重点配合给予较高分值，充分体现其目的性、实践性和教育性。

以上三对三、四对四、五对五的半场练习，可在全场有针对性地进行。

三、进攻基础配合教学易犯错误及纠正方法

（一）传切配合教学中易犯错误及纠正方法

易犯错误1：进攻选位距离近，攻击范围小，配合难以成功。

纠正方法：反复讲解与示范传切配合的落位要求，明确进攻队形和方法。

易犯错误2：假动作不逼真、不合理，真假变化慢。

纠正方法：明确及讲解假动作的种类和合理运用的意义，在练习中对合理运用假动作提出要求和进行方法上的指导，应采用模仿性练习，并抓住重点、难点而反复练习。

（二）掩护配合教学易犯错误及纠正方法

易犯错误1：发动掩护配合时机的判断不及时、不准确和协作能力差。

纠正方法：反复讲解与示范掩护配合的时机、位置、技术动作的运用及要求。

易犯错误2：被掩护者在配合中不能合理、及时地运用假动作吸引防守者。

纠正方法：采用徒手、慢速的方法或运用语言信号刺激，以帮助学生掌握运用时机、方法等。

易犯错误3：掩护者掩护的位置不当，技术运用不合理，掩护后的转身接应不及时，易造成犯规或失去进攻的机会。

纠正方法：注意抓掩护配合中的基本技术规格和实际运用效果。

（三）策应配合教学易犯错误及纠正方法

易犯错误1：策应队员摆脱、选位、抢位不主动、不及时。

纠正方法：反复讲解配合及技术要求，划出策应位置，教师以语言信号提醒队员。

易犯错误2：外围队员传球后切入动作慢，动作变化少。

纠正方法：空切动作要突然、快速，采用划出切入路线的方法，帮助切入者练习。

易犯错误 3：配合时队员间位置、距离不适宜，不善于变化与他人配合。

纠正方法：反复讲解与示范配合的位置、距离及动作方法要求，采用固定策应位置，规定切入路线的方法，以帮助学生提高策应配合的效果。

（四）突分配合教学易犯错误及纠正方法

易犯错误 1：进攻落位较近，不易造成突破机会。

纠正方法：讲清如何根据攻防的不同情况合理选位，强调配合的时机、路线、方法，采用固定位置的练习，以帮助学生完成配合。

易犯错误 2：持球突破后分球技术、方法运用不合理，简单、僵硬、效果差。

纠正方法：多组织选择突破与分球的结合练习，教师可对突破分球给予不同的条件限制，以提高完成配合技能。

易犯错误 3：配合队员摆脱防守选位时机不当（过早或过迟），距离不适宜（太近或太远）。

纠正方法：多次讲解、示范，配合队员判断掌握摆脱防守的时机和方法，明确指出跟进、插上的位置和距离。采用语言信号，以帮助提高配合质量。

四、进攻基础配合教学与训练建议

1.进攻基础配合的教学，先从教传切配合开始，再教空分配合，后教掩护配合，最后教策应配合。在教掩护配合中，先教无球队员之间的掩护，再教有球和无球队员之间的掩护；先教原地掩护，后教行进间掩护；在教策应配合时，先教2人配合，后教3人配合。

2.教进攻基础配合，应遵循战术教学的一般步骤，让学生了解不同的配合特点、运用的位置、配合的路线、关键的动作、配合的时机和应变的方法。

3.强调配合意识和完成配合的质量。注意变化和节奏，以不断提高学生的运用和应变能力。

第六章 篮球运动技术战术实践应用

篮球技术是篮球比赛中运动员为了进攻与防守所采用的专门动作方法的总称。篮球战术是篮球竞赛中队员和队员之间协同运用技术进行攻守对抗的组织形式与方法。本章主要研究篮球运动技术的教学理论与实践应用、篮球运动战术的教学应用与创新、篮球运动组合技术的理论与实训应用。

第一节 篮球运动技术的教学理论与实践应用

在篮球运动的发展过程中,技术的发展是最活跃、最积极和最具推动力的根本因素之一。篮球运动的每一次变革、每一次飞跃,都与技术的发展密切相关。它经历了由低级到高级、由简单到复杂、由低强度对抗到高强度对抗的演变历程,是推动篮球运动发展的原动力。篮球技术动作与篮球运动员所具有的技术是两个不同的概念,两者的内涵、外延与评价标准都存在差别。它们之间既有联系又有区别,技术动作是运动员个人技术的表现形式,是个人技术的载体,个人技术是动作的内在属性、内在根据,运动员的技术必须通过动作表现出来。只有经过千锤百炼的各种技术动作,才能在比赛中表现出运动员的技术。在技术教学训练的实践中,教练员需根据学生、运动员的体能条件、战术基础、心理品质及智能等各方面的实际状况,为达到训练和比赛的目标采取各种训练方法、手段,将各种单元的、组合的、衔接的技术动作转化为学生、运动员的技术,这一转化过程就是篮球技术教学和训练的核心。

一、篮球运动技术的教学理论

篮球运动训练是指在教练员的指导和运动员的参与下,为不断地提高和保持运动员的技术水平而专门组织的教育过程。其目的就是通过不断地提高运动员的全面综合素质和运动技术水平,促进身体形态和机能协调发展,并在比赛中取得优异的运动成绩。篮球运动技术的教学理论,是以发展运动员的竞技能力、提高专项运动成绩为目的,研究运动训练过程的规律、原则和方法的一种专项理论。

篮球运动属于同场竞技类项目，本队的竞技水平和教练员的临场指挥水平是决定比赛成绩的主观因素，而对手水平、竞赛办法、比赛环境、比赛时间、裁判行为等是影响比赛成绩的客观因素。在日常训练中，要注重运动员和全队的技术、战术、体能及心理方面的全面训练，加强动机激励，训练要有系统性，在不同的训练周期安排适宜的运动负荷，并注意训练后的适时恢复。

（一）篮球运动技术体能与身材特点理论

1.体能的高速发展是基础

运动员技术系统中体能素质的跳跃式发展，为技术和战术的发展打下了坚实的基础。运动员创造了许多新的技术，为战术的发展打下了坚实的物质基础，也创新了许多新的技术动作和配合。例如，行进间空中"飞行投篮"动作，当进攻队员上篮遇到防守封盖时，在空中从篮的侧面"飞行"到另一侧面勾手投篮，没有高超的体能储备，是完不成这一动作的。又如，两人空中传球接力扣篮，动作简单朴实、不复杂，但非常引人入胜。体能素质达到较高的水平，通过练习即可完成这一高难度动作的配合，因此，体能训练已越来越受到人们的重视。

2.身材的大型化发展趋势

篮球从其初创开始，就将球筐固定在空中，从而确定了其本质属性的一个方面，即有利于身材高大的运动员。因为在其他因素不变的条件下，运动员的身材越高大，完成动作的效果越好，在运动员技术水平评定标准中，完成动作的时效性是最重要的标准。由于这一技术趋势的引导，越来越多的高大队员参与到这项运动中来。身体接触的频繁增加，增加了对抗的强度，攻守对抗日趋激烈，身体接触无处不在，改变并发展了篮球初创时期避免身体接触的原则。

进攻技术中运动员表现出高、快、强等技术特点，具有更大的冲击力；防守技术中个人防守面积的扩大、防守动作的攻击性，使防守技术体现出一种全新的特点。在与对手球员的对抗中，防守动作总是介于犯规与不犯规之间，处于犯规的边缘，使进攻者更加难以发挥技术优势，也使裁判员的执法更加困难。运动员技术全面发展，特长突出，使场上高大的队员在争抢篮板球、封盖等技术运用中具有高空优势，在篮下的攻守对抗中具有较大的威力，一般司职中锋位置。

当今的篮球运动，促使高大队员的技术向全面发展，身高在1.98米或2米以上的进攻或组织后卫比比皆是，身材高大、技术全面，高而不慢，能内能外，能胜任场上各个位置的攻守任务，使传统意义上的位置分工日趋模糊，中锋、大前锋、小前锋、组织后卫、进攻后卫已没有绝对的位置区别，一名队员往往能够胜任多个不同的位置。

（二）篮球运动技术的心理训练理论

心理训练是对人们的心理状态进行有意识的影响，使其发生有利于活动的变化。心理训练最早出现在20世纪初期，从病理心理学的应用开始。当时，德国精神病理学家舒尔茨用瑜伽的放松动作、催眠性暗示，给患者进行以松弛机体和精神态度为特征的治疗，获得了显著的心理疗效。此后，放松治疗方法在体育运动中被广泛使用，对缓解运动员的临场紧张起到了重要作用。随着各种心理训练方法在体育运动中的广泛应用，心理训练的手段也趋于具体化、科学化，并使用现代技术进行记录和监控。概括地说，运动员的心理训练是指有意识、有目的地采用一定的办法、手段，对运动员的心理过程和个性心理特征施加影响，使其学会调节和控制自己的心理状态和运动行为的过程。

心理训练是现代化竞技运动训练系统中不可缺少的一部分，它影响、制约着运动员身体、技术、战术的改善和体现，可以促进运动员心理过程的不断完善，形成专项运动所需要的良好个性心理特征，获得高水平的心理能量储备，使运动员的心理状态适应训练和比赛的要求，为达到最佳竞技状态和创造优异成绩奠定良好的心理基础。

1. 基本心理过程训练

基本心理过程训练是其他心理训练的基础，主要包括认知过程、情绪控制和意志品质训练等。

2. 专项心理素质训练

专项心理素质包括专门化知觉和专项运动思维等。专门化知觉是运动员在运动实践中经过长期专项训练形成的一种精细的主体运动知觉，它能对器械、场地、运动媒介物质（水、空气等）及专项运动的时间、空间特性等做出高度敏锐和精细化的识别与感知。运动员在完成动作时，需要多种感知参与，其中肌肉运动感觉起到了重要作用。在运动中经反复训练，与某一专项相关联的分析器得到高度发展并结合时，专门化知觉才能形成。不同项目的专门化直觉是不同的，如球类运动员的"球感"、游泳运动员的"水感"、击剑运动员的"剑感"、射击运动员的"枪感"等。专门化知觉的形成需要较长的时间，当在教练员的提示下进行有意识的培养，运动员的自我反馈能力又较强时，如训练方法得当，可在一年左右形成。通过自发练习形成专门化知觉，一般需要5～6个月的时间。个项之间存在一定差异。如在长期终止训练或身体过度疲劳、有伤病或在过分强烈的情绪状态下，专门化知觉可能减弱或消失。专门化知觉的发展水平与技术水平成正比，它既是掌握专项技术的先决条件，也是专项训练的结果；

既是其他运动能力的基础，又是现实技战术的前提。所以，专门化知觉是技术达到高水平并表现竞技状态的优秀运动员的心理标志。专门化知觉在发展水平上的差异可以测量。例如，可通过对刺激微小变化的知觉清晰度让运动员进行自我判断，也可用控制刺激量的方法加以测定。专项运动思维是判断高水平运动员的重要标志，以运动员对所从事的运动项目的深刻理解和对运动规律的正确认识为基础，表现为技术运用及战术行动的合理性。

（1）专门化知觉。篮球运动员的专门化知觉突出表现为球感和时空感。

第一，球感。球感是运动员在长期专项训练中发展起来的对球的性质（形状、大小、轻重、弹性等）及运动规律的精细感知，表现为对球的熟练控制和随意支配。球感是一种复合感知，是在视觉、触觉、动觉、时空知觉及运动知觉的共同参与下形成的。篮球场上熟练的运球突破和精确的投篮固然离不开良好的球感，但更重要的是，篮球运动是集体对抗项目，同伴间的密切配合是制胜的关键。配合需要有球队员的全面观察，良好的球感可以使运动员在球场上获得更多的主动和自由，运动员可以把注意力转向对场上形势的观察及技战术的运用。因此，良好的球感是优秀运动员必备的心理素质之一。

第二，时空感。时空感是指篮球运动员在场上对时间和空间特征的感知。时间知觉是运动员对场上形势的延续性和顺序性的反应；空间知觉是指场上运动员对同伴、对手及球篮的位置、距离、高度等空间特征的反应。篮球比赛攻守对抗瞬息万变，进攻机会稍纵即逝，并有3秒、5秒、8秒和24秒的规则限制。运动员只有具有良好的时空感，才能准确地预见和判断对手及同伴的行动，从而争取时间，并获得有利的空间。例如，一次成功的助攻传球，需要运动员准确地判断同伴的位置、移动的方向及速度，同时采用适当的传球方式穿越防守队员并考虑球飞行的速度，传出的球要适当地提前，做到"人到球到"。跳球、抢篮板球、抢断球等都需要运动员具有准确的时空判断能力。

（2）思维。集体对抗项目中都注重战术行动，篮球尤为突出。从某种意义上说，战术是篮球比赛的灵魂，一切战术行动都是在意识的支配下完成的。战术意识是指运动员按照一定的战术目的，正确合理地应用技术和战术的自觉心理活动，表现为运动员能根据场上情况的变化，随机应变决定自己的行动方案，并能与同伴密切配合，充分发挥技战术特长，以此克敌制胜。从心理学角度分析，运动员战术意识的核心就是思维能力。篮球战术可以分为个人战术行动和战术配合行动。相应地，思维也分为个人思维和集体思维。

第一，个人思维。思维是借助语言、表象或动作实现的对客观事物的概括和间接认识，是认识的高级形式。它能揭晓事物的本质特征和内部联系，并主要表现在概括形成和问题解决的活动中。运动员在比赛中，面临需要解决的问题情境如下：如何摆脱，合适切入，面对防守是投篮、突破还是传球，以及如何防守，等等，所有这些问题均需运动员迅速地做出决策和行动。这些决策过程是运动员在头脑进行信息加工的过程。运动员的头脑可以被看作一个复杂的信息加工系统。运动员的思维决策过程可以被概括为一个以信息加工为核心的行为控制系统。该系统由决策的环境、决策的人和决策结果三要素构成，三个要素之间是密切相关的。

运动员在环境中获取信息，通过信息加工确定策略，付诸行动后产生决策结果。在这个系统中，运动员的决策行动受环境和决策结果反馈的影响；决策结果是不确定的，并非只由决策行动决定，还取决于环境的变化；决策结果不仅对决策者产生直接的影响，同时也对环境产生影响。

篮球运动员在运动情境中的个人思维决策过程具有明显特征，可以概括为两点：首先，问题的空间性。运动员在比赛中面临的问题都是在空间上呈现的，篮球的位置、对手的位置、同伴的位置，以及要达成的目标状态构成了一个问题情绪。因此，运动员的视觉搜索能力是快速识别问题的基础。多数的运动决策过程是要求快速完成的，甚至是瞬间完成的。比赛时的攻守时机转瞬即逝，正确、及时地决策就会得分或防守成功，从而赢得主动；反之就会失去机会，甚至输掉比赛。因此，决策速度是衡量决策水平的重要指标。其次，结果的不确定性和即时性。运动情境中的决策结果不仅仅取决于决策者，还取决于环境的变化和影响，同样情境下的相同决策可能会产生不同的决策结果。因此，不存在绝对正确的决策和永远正确的决策。衡量决策好坏的唯一标准就是决策结果的好坏。运动决策的结果是在决策行动后随即表现出来的，能结合决策结果灵活采取决策行动的运动员才能争取主动。

第二，集体思维。篮球运动中的战术配合行动分为基础战术配合和全队战术配合。无论是进攻的传切、掩护、策应，还是防守中的交换、"关门"、夹击等，篮球比赛中的所有配合行动都建立在一个共同的基础之上，那就是集体思维。集体思维是指全队或场上部分队员之间，在共同目标的引导下，对同一问题情境产生相同的概括反应的过程。良好的集体思维表现是队员间的配合默契、行动一致，具有协同性和互补性。这也是所有教练员在训练过程中最希望达到的一种境界。集体思维能力的形成是建立在对篮球运动规律的正确认识基础上的，通过队员间的长期磨合，形成共同的指导思想和行动原则，从而表现出在思维上和行动上的一致性。集体思想是成功完成配合的基础，因此，它是篮球运动中最重要的心理素质之一。

3. 良好品质的培养

培养良好品质在基础心理训练中具有重要意义,它和运动员能否坚持长期的艰苦训练并取得优异成绩有很大关系。有些运动员虽然具有较好的身体条件,但由于缺乏专项运动所需要的个性品质,虽经多年训练但成绩不佳,这在运动实践中不乏其例。在基础训练阶段,尤其是应重视对运动员兴趣和动机的培养。兴趣对训练活动有着非常重要的作用,运动员的训练兴趣一经激发,就会产生高度的注意力、愉快的情绪及持久的意志力,从而提高训练积极性。

(1)意志品质。意志是有意识的支配、调节行为,通过克服困难,事先预定目的的心理过程。意志品质包括坚韧性、顽强性、果断性、自控力、目标清晰度和自信心。篮球运动员的意志品质,突出地表现为在激烈的攻守对抗中能否为实现既定目标做出克服困难的努力。篮球比赛过程复杂多变,运动员运用技术过程的条件不断变化,意想不到的困难与障碍层出不穷,运动员的意志品质对比赛的胜负起着至关重要的作用。具有良好意志品质的运动员能在比赛落后时不气馁、失败时不泄气,在紧张激烈的比赛中敢打敢拼,始终具有充足的信心和清晰的目标;而意志品质薄弱的运动员在比赛双方比分紧咬、体力消耗大的情况下,会变得信心不足、情绪不稳,甚至忙中出错或表现失常。总之,篮球比赛中所要求的各种心理能力都要通过意志行动表现出来,意志品质的作用不言而喻。

(2)情绪控制力。情绪是人对客观事物的态度体验及相应的行为反应,体育竞技中的情绪稳定是运动员最佳心理状态中最核心的内容,是训练水平正常发挥的保证,所以,情绪稳定是运动员的主要心理因素。由于篮球比赛紧张激烈,运动员的整个身心都处于极度的紧张状态,伴随其产生的强烈而鲜明的情感体验也是丰富的。尤其是在势均力敌的比赛中,运动员的情感随着客观条件的变化而不断变化,由此,运动员的情绪必然会直接影响技战术的发挥,从而影响比赛的结果。因此,优秀运动员要具有良好的自我情绪控制和调节能力,善于根据场上的情况适当调节情绪水平,避免产生过于兴奋或消极的情绪。

(3)团队凝聚力。运动员是由一定成员构成的团队。运动员的凝聚力可以看作广义社会学中的团队凝聚力,是反映团队倾向于凝聚在一起、共同去追求某一目标或对象的动态过程。凝聚力分为任务凝聚力和社会凝聚力。任务凝聚力是指运动队中的队员团结一致为实现某一特殊的和可识别的目标做出的努力程度。在篮球比赛中,当球队开始组织一个连续进攻战术或展开全面紧逼防守战术时,体现的是任务凝聚力;社会凝聚力是指队中成员相互欣赏,并喜欢成为队中一员的程度。团队凝聚力是充分发挥球队整体实力的有力保障,增强团队凝聚力除了可以提高运动员的比赛成绩外,还可以产生其他积极影响，如集体自我效能、参加比赛的动机和心理动机等。

二、篮球运动技术的实践应用

篮球运动技术实践应用是指运动员个人在各种运动场景中合理使用技术动作的表现与发挥。

（一）篮球运动技术实践应用的影响因素

篮球运动是同场竞技类项目，是一人或多人在相互制约中进行攻守对抗，技术的实践应用是在动态的时空情况下去完成动作。影响技术实践应用的主体因素主要包括以下几种：

第一，身体形态与身体机能。运动技术以身体动作为表现形式，而身体动作表现则以人体解剖结构为基础。篮球比赛速度日益加快，对抗争夺日益激烈，很多时候都是在快速中、高空中、身体接触中完成动作的，这不仅要有全面良好的身体素质，还要有持续良好的身体机能。

第二，神经系统的控制与协调能力。运动技术的合理性依赖于参加动作的肌肉群的协调程度，而这种协调程度又依赖于神经系统对肌肉的合理而精细的支配。良好的协调能力是运动员在复杂多变的篮球场上合理运用动作的基础。

第三，个性心理特征。良好的心理素质对技术运用有着极为重要的作用，这在很大程度上决定着篮球技术的发挥。这主要包括篮球意识、意志品质和情绪。意识支配行动，对技术运用起着指向、抉择支配作用，意志品质坚定、有信心和能克服困难对技术运用有着积极、激励的作用。稳定的情绪说明有很好的自控能力，能排除内部与外部的干扰和影响，保证技术动作的正常操作，激发斗志是发挥技术水平的先决条件。

第四，技能的储存与熟练程度。动作技能储存数量越多，越能顺利建立条件反射，只有先掌握规范、熟练的单个技术，再去掌握大量的组合动作，才能在篮球竞赛活动中应付复杂多变的情况。影响技术运用的客体因素主要包括篮球竞赛规则、竞赛环境、器材设备、场地条件等。

（二）篮球运动技术实践应用的特点

篮球技术实践应用时，必须善于观察场上情况，准确判断、掌握时机、运用时机、创造时机，并在行动中能根据具体情况，做到快慢结合、真假结合、刚柔结合、稳准结合，才能合理地、有效地运用技术，发挥水平，去争取比赛的主动与胜利。篮球技术实践应用的特点：

1. 动作速率变化快。篮球比赛速度日趋加快，双方在攻守交错中对抗，必须果断迅速地做出决断付诸行动，决断与行动必须迅速统一，这样才能取得主动与优势。由于攻守双方的相互制约，因此，参与者的智慧和谋略至关重要。

2. 技术组合变化多样。在比赛中运用篮球技术时，几乎都是动作组合的运用，而不是单个动作或固定程序的运用。参与者的所有行动随临场具体情况的变化而不同，无固定的程序或模式。动作组合的多样性还包含多变性，表现在动作操作上及在方向、速度、路线、节奏、幅度等方面的变化，最后达到准确性要求。

3. 技术对抗注重实效。篮球技术的大多数行动是在对手的干扰、破坏下进行的，经常发生身体接触，必须适应对抗的需要。篮球是集体参与的对抗类项目，更加强调同伴之间的相互配合与协作。篮球运动中技术的规格和完成过程等必须为效果服务。

4. 技术实践应用表现位置差异。因战术需要而进行的位置分工，对运动员在各自位置上的技术提出了新的要求。运动员根据自己在比赛中所处特定位置的条件，用新的组合技术并以新的形式来适应比赛。位置分工不同，技术运用的方式就会不同，表现为不同的特点和内容，从而形成运动员在某个位置上被赋予了一定战术意义的专门技术。

（三）篮球运动技术实践应用的过程要点

篮球技术的实践应用，就是要最大限度地适应比赛中变化的要求。总的来说，篮球运动技术实践应用过程中主要应注意以下三方面：

1. 规范技术动作

在篮球比赛中，要想使篮球技术在比赛中发挥出应有的作用，就必须做到全面、快速、准确、应变、智谋、意识、实用。同时，只有掌握规范的、熟练的单个技术，然后再将这些单个的技术有机地组合起来综合运用，才能在比赛中灵活应付各种复杂多变的情况；也只有对所有的篮球技术动作做较高的要求，刻苦训练，才能使所学的组合技术更好地应用到实践中。

2. 具备良好的身体素质

运动员想要更好地掌握和运用篮球技术，就必须打好坚实的身体素质和体能这一基础，只有如此，才能在篮球比赛中更好地运用篮球技术，取得较为理想的效果。由此可以看出，良好的身体素质是运动员运用篮球技术的有力保证。运动员只有拥有良好的、全面的身体素质，并保持持续运动的身体机能，才能在篮球比赛中争取更多的时间和空间，才能真正地将篮球技术实践应用得更加灵活多变，从而为取得理想的比赛成绩奠定基础。

3. 培养心理素质

篮球技术的实践应用效果,在很大程度上取决于运动员心理素质的好坏。所以,培养运动员良好的心理素质,对篮球技术的应用有着极其重要的影响。良好的心理素质对篮球技术运用的重大意义,主要体现的内容如下:首先,意识对行动有支配作用,对技术运用有抉择、指向、支配作用;其次,意志品质坚定、有信心克服困难能够积极促进技术的运用;最后,只有情绪稳定、自控能力强,才能有效排除对内部与外部的干扰和影响,并有助于技术动作的正常操作。

第二节 篮球运动战术的教学应用与创新

一、篮球运动战术的教学设计原则和应用

(一) 篮球运动战术的教学设计原则

篮球战术设计的依据主要有三点:第一,符合现代篮球战术发展的方向;第二,符合本队的战术指导思想;第三,符合本队实际情况。依据以上三点设计本队篮球战术的打法时,还必须遵循以下原则:

1. 目的性原则

战术设计应有明确的目标,既要攻守相对,又要针对对手在战术结构与环节上以己之长攻彼之短。按本队的实际情况设计战术教学,还要富有创造性。既要根据本队的情况设计新的战术形式,又要在实践检验过程中不断改革完善所设计的攻守战术,还要合理地使用和组织队员。按队员的特点(长处)有目的地、合理地把他们组织在不同位置上,设计不同的配合形式,使队员的特长得到发挥,以利于提高完成战术的质量。但是,对队员在完成战术过程中的位置变化不应限制得过死,而应该积极提倡和鼓励队员在位置不断变化中仍能施展自己的特长。因为,当前篮球攻守战术发展的一个重要方面,是在"动"中完成攻击。如果对队员位置变化限制过严,不但会影响队员能力的全面发展与提高,也会使战术显得单调、死板。

2. 连续性原则

要使所设计的战术具有更大的威力,战术攻击必须要有连续性。战术攻击的连续性,是指在一套进攻战术中一个攻击不能奏效时,还能转移到第二个、第三个甚至第四个

攻击点，直至攻击完成为止。这样设计的战术，能够连续不断地创造攻击机会，不给对方喘息的时间，易于达到攻击成功的效果。

3. 灵活性原则

灵活性指的是在坚持以自己的战术指导思想所设计的打法和贯彻所选择的战术方法为主的情况下，要考虑竞赛环境、比赛对手、竞赛规则等的改变而辅以其他一些应变的措施，根据具体情况，灵活多变地运用。如在设计进攻战术时就要考虑"一点多变"，就是在一点攻击上要有多种变化：一是在一点攻击上的局部配合，能根据不同的防守情况完成攻击的"多变"；二是在一点攻击上形成配合方向上的"多变"（如中锋定位掩护，切入者可从中锋的左或右侧形成）；三是在一点攻击上形成配合方式上的"多变"，如战术中的右侧为策应配合，在完成时可以变为运球掩护或后掩护的方式。这几种变化形式，构成了战术中攻击点上的灵活性。因为这些变化增加了完成攻击的机会，给对方的防守造成更大的威胁。所以，灵活多变是教学设计战术不可忽视的一个重要原则。

（二）篮球运动战术的教学应用

1. 科学合理地选择战略战术

篮球竞赛中，彻底而全面地了解本方与对手的各种信息，是克敌制胜的必要条件。在此基础上，确定战术指导思想，科学选择合理有效的攻守战术。教练员和运动员必须清楚地了解战术的全部过程，建立完整的战术概念，熟练掌握战术运用方法。

2. 注重各个环节的衔接和转换

篮球战术实施，不论是在进攻还是防守过程中，都是由开始组织、配合攻击、结束转换三个阶段构成。但不论是进攻还是防守的各个阶段的行动程序，在比赛中并不是一成不变的。由于比赛情况的复杂多变，时机的出现有其必然性和偶然性，个人与集体对抗的积极性、本方与对方的失误等都有可能出现直接攻篮或获球而导致攻守的变化。因此，为了更好地实现战术意图，控制比赛进程与节奏，达到实效的目的，明确所运用的战术方法在攻守过程中如何衔接、如何转换、如何应变，是十分必要的。

3. 全面考虑，攻守兼顾

赛前战术准备中教练员需要认真分析思考，根据本队与对方的具体情况，有针对性地制订比赛中实施多种攻守战术的方案，既要注重进攻战术的运用实效，又要注重防守战术对取得胜利的重要性。掌握攻守转化和战术综合运用能力。在领会战术方法的基础上，完善攻防间相互转换的水平和质量，掌握和提高战术的综合运用能力。

4. 善于捕捉战机，随机应变

现代篮球比赛对抗激烈，情况复杂，具有较大的随机性和不确定性，因此，队员在比赛中要善于根据不同的态势，因势利导，随机应变。比赛中的战术应变是战术运用的核心和灵魂，切忌按固定的模式以不变的战术打法束缚自己的行动和对付多变的局面。所以，在临场战术运用中，教练员和运动员都应该做到随机应变，捕捉稍纵即逝的战机。

二、篮球运动战术的创新

自从有了创新活动，创新的规律就开始发挥作用。只有发现规律、认识规律、依靠规律，才能在创新实践中达到预期的目的。

（一）篮球运动战术的创新规律

1. 平衡移动规律推动创新

平衡移动规律来源于勒沙特列原理，即平衡移动原理。如果改变影响平衡的一个条件，平衡就向能够减弱这种改变的方向移动。篮球运动战术创新的平衡移动规律是指当攻防战术的一种平衡被打破时，一种新的平衡即能克制此战术的战术随之建立，从而促进了战术的创新和发展。篮球战术发展史也证明了这条规律，如当防守方采用"2—3"区域防守落位加强内线防守时，目的是保护内线这个战略要地，克制对手内线进攻能力强的特点，这时进攻方仍强调内线进攻，可能效果就打了折扣。因为内线的防守平衡已经被打破，进攻必须朝着能打破这个新的防守体系的平衡方向发展，进攻方就可能采用"3—2"或"1—3—1"进攻落位战术来攻击对方防守的真空地带。

因此，在篮球战术创新的实践中，当进攻和防守处于不平衡状态时，人们为了在比赛中赢得主动权，会积极探索、发展新的攻防战术，改进和完善原有的攻防战术，以期实现攻防战术的相对平衡。当进攻与防守战术处于相对的"平衡"状态时，又会激发人们去努力研究、创造新的战术，在攻防相对适应的基础上发展新的不平衡。正是篮球运动自身的这种攻防"不平衡"→"平衡"→"不平衡"→"平衡"如此反复的平衡移动规律，推动着篮球战术创新不断发展。

2. 相互作用规律

从篮球的战术发展史上可以看出，篮球战术创新不是独立的和单纯的，它受到篮球运动各种因素、各个环节关联及相互作用的影响。比如，当今各种高空战术是由于空中单、双手扣篮技术的产生而引发的。扣篮技术的出现，一是由于运动员身高增高和身体素质变好，为它的引发提供了可能性；二是由于篮球运动的市场化，观众希望看到精彩、激烈、刺激的比赛场面，为了吸引观众的眼球，也要求在比赛中时不时地出现一些像扣篮这样能提升观众兴趣与激情的场面，这为扣篮战术的产生提供了现实性。高空战术正是上述因素相互作用产生的，像三分球战术的创新也是规则及市场化需要等因素的相互作用引发的。

3. 矛盾相克规律

篮球运动发展史表明，战术创新中存在着对立矛盾的相互关系。具体表现为：进攻与防守战术中的制约与反制约间的相互对立、相互依存、相互克制及相互促进。篮球进攻与防守战术的演变过程，充分说明了攻防之间的这种关系。若进攻战术发展了，必然带来防守战术的创新，而防守战术创新又反过来促进了进攻战术的加速，篮球战术围绕着攻防矛盾展开，并沿着相互限制与相互突破的相克创新演变过程发展。

（二）篮球运动战术的创新方法

篮球战术的创新方法是根据创新实践所总结出来的符合体育科学理论和战术规律，并能够提高创新思维能力的各种原理和技巧。

1. 组合创新法

组合创新法是指为实现一定的目的，将若干个独立的战术或其结构部分进行符合篮球运动原理及特点的组合，从而获得具有整体功能的战术创新方法。由于战术间都存在着形态结构、途径方法甚至是运动原理能有机组合的可能性，因此，篮球战术的组合创新法在战术创新中运用得很广，如假掩护后的转身切入，以及混合防守战术都是组合创新法的实例。

2. 逆向思维创新法

逆向思维，也叫反向思维、倒过来思维。逆向思维创新法是指在不改变原来战术原理的基础上，采取非常规思维对其内容与形式进行改造，并导出新的战术的方法。像现代篮球防守掩护战术的变化就采用了逆向思维创新法。掩护战术的目的是使队友能摆脱防守者，获得好的进攻空间和时机。掩护成功后，进攻方一般是突破和投篮，突破后自己机会好时投篮或把球传给机会更好的同伴投篮等，而防守方一般是进行换防，其结果是以小防大或以大防小，造成对手可以在以大打小时硬吃或在以小打大时利用小个队员一般速度快的特点，进行突破上篮与分球给机会更好的同伴投篮等。另外，换防一般是在掩护成功后，所以进攻方的队员一般比防守方的队员至少在做下一个动作前快一拍，利用这个时间差可以顺利完成多个攻击动作，造成防守失败。现在防守掩护战术利用进攻方的常规思维已经不再进行换防，而是当看到对方掩护，防守队员马上抢先堵住被掩护队员的移动路线，使其掩护即使成功在进攻时也非常困难，使本方可以获得调整机会，再组织有效的防守战术。

3. 递进创新法

递进创新法是指在不改变原战术性质的基础上，对其内容和形式逐级加难，并推导出新战术的方法。例如，抢防守篮板球后，直接在空中将球传给同伴发动快攻战术，就是在原来抢到篮板球后落地，然后在传给同伴的基础上增加了难度后递进创新的。

4. 移植创新法

移植创新法是指将某一领域的战术原理、方法、结构部分或全部地引入另一领域，并进行一定的改造，达到新目的下的再创造的一种方法。例如，现在的空中接力战术可能来源于排球战术中的 3 号位近网快攻战术。

（三）篮球运动战术的创新方向

篮球战术分为有形战术和无形战术，所以篮球运动战术的创新方向就分为有形战术的创新方向与无形战术的创新方向。

1. 有形战术的创新方向

有形战术的创新方向，是在逆向、递进、组合创新法的指导下，赋予以前的成熟战术体系新的形式和内容，产生新的发展与变化，达到出奇制胜的目的。但是有形战术的创新也应借鉴其他运动项目的战术体系以便催发灵感，加以移植和利用。在进行有形战术创新时，切记一个总原则——指导思想，就是水性战术原理。"滴水穿石"，这反映了水性，一是韧性，即咬定青山不放松的精神；二是避实击虚与避强击弱。所以，在攻防战术创新的实战演习中，在水性原理的指导下，一要永不放弃，二要攻击对手的薄弱环节，在此基础上再进行战术创新，一定可以攻有所克、战有所胜。

2. 无形战术的创新方向

无形战术是看不到摸不着而在场上不时地在起作用的战术，概括起来就是生理心理战术。生理心理战术是攻防运动员利用各种技战术在攻防时对对手施加生理压力，使对手在攻防时感到畏惧与压力，从而导致其心理变化，进一步形成心理战术的效应。在当今篮球运动员水平差距日益缩小的情况下，生理心理战术的成功实施是比赛获胜的关键。在世界重大篮球赛上，许多强队被弱队打败就是由于赛前对对手估计过低或对困难估计不够，而在比赛时对手不停地对其施加生理心理战术，使其在攻防中都不能把自己的能力发挥出来，最终导致心理崩溃，以至于失败。典型的例子是美国梦六队在本土举行的第 14 届世界男子篮球锦标赛上一败再败，最后只获得了历史最差成绩第 5 名，与生理心理战术的运用不无关系。虽说世界各洲的篮球水平都在提高，但各国运动员在整体能力与水平上都难以与梦六队相比，再说美国男篮具有主场等优势，按此推理美国应获得冠军，可结果却出人意料，获得第5名。首先是自己生理心理战术施加的失败，其次是对手生理心理战术的成功运用。以前各国在与美国梦之队比赛时未战先怯，原因是对梦之队队员球技的折服，以及梦之队队员的自信和霸气会令所有的对手都心惊胆战，这种生理心理战术使他们不战而屈人之兵，所以他们在比赛时如摧枯拉朽，对手根本不敢与之抗衡和拼争，导致大败。而随着梦之队光环的褪去，对手们都敢与他们拼上一拼，给他们施加了生理心理压力，此消彼长，导致了梦之队的一败再败。无形战术创新方向应该在规则允许且不违反体育道德的情况下，研究它的有效实施、怎样攻破对手的心态、打乱对手的节奏、暂停及换人战术运用时机和怎样利用有形战术去实施无形战术等。

第三节　篮球运动组合技术的理论与实训应用

一、篮球运动组合技术的理论

篮球运动组合技术是指运动员为了达到攻守的目的，在一个完整的行动过程中，运用了两种或两种以上的技术，这个完整的过程所运用的技术集总称为篮球运动组合技术。作为一个有特定功能的系统来说，组合技术和其他种类的技术一样其运用的最终目的是更好地完成进攻或防守，组合技术不是两种或两种以上技术的简单叠加，而是需要把单个技术动作有机地衔接在一起，既要符合技术动作的内部规律又要符合篮球竞赛规则的要求，使不同的技术组合在一起发挥出不同的效果。

（一）篮球运动组合技术的构成要素

"技术"起源自然科学领域，技术是人类为了满足自身的目的所采取的一切手段，包含了客观的物质手段和主观的精神手段。其中人类研发的所有工具、设备均为物质手段，通过学习劳动形成的经验、知识等则为精神手段。人类的整个技术系统都是由物质手段和精神手段相互融合而成的。新技术的不断发现离不开对技术系统内部各构成要素的分析研究。在自然科学中客观物质手段和主观精神因素是分开的。物质手段（工具和设备）会随着时代的进步不断地得到发展，精神手段也会随着物质手段的不断发展得到提高。而把技术这一概念放到体育活动来看就有所不同。因为体育运动的特殊性，技术的提高是运动员通过自己的身体练习来完成的。这里的"运动员"既有技术的客观物质手段也有主观的精神手段，具有双重性。

对篮球技术的分析也要从主观和客观两个角度着手。篮球运动技术的主观精神因素包括篮球意识、顽强的意志品质、情绪等。客观的物质手段包括球员的各项身体素质（如速度、力量、耐力等）、球员掌握技术的数量及掌握技术的程度等。组合技术是篮球技术的分支，构成因素不仅包括了篮球技术的构成因素，更有其特殊的构成因素。

在篮球运动中所有的技术没有单个的，都是以组合的形式出现。以投篮为例，无论是接传球投篮还是运球投篮，都是先进行接球或者运球这个技术动作，然后转换成投篮这个技术动作，就算是最基础的无球移动，从启动到急停（不管是跨步急停还是跳步急停）也都是以组合的形式出现的。先是启动的技术动作，然后跑动技术动作，最后到急停的技术动作。因此可以这么说，单个技术是构成组合技术的要素之一。

虽然单个技术是基本要素，但是只掌握单个技术还不能保证在实际的比赛中熟练地运用组合技术。只有熟练掌握一定数量的单个技术并且了解这些单个技术的内部规律才能在技术的组合过程中驾轻就熟。因此组合技术的构成要素包括单个技术的掌握数量和单个技术的掌握熟练程度。

一套完整的组合技术需要运动员熟练地掌握一定数量的单个技术，并将数个单个技术有机衔接在一起。衔接是前一个动作的结束信号后一个动作的开始信号，把前后两个动作紧紧地扣在一起，衔接的好坏对前后动作有着极大的影响。所以衔接这个环节在组合技术的过程中至关重要。衔接如果做得不好会影响到整个组合技术的发挥，甚至破坏组合技术的连贯性和完整性。因此衔接环节也是组合技术构成要素之一。

（二）篮球运动组合技术的特点

篮球技术具有复合性，是平动和转动的融合交替。运动成分也多以周期性和非周期性两种形态表现出来。技术需要球员在场上完成各种技术动作表现出来。如果球员在比赛之外独自练习运球，那不能叫技术而只是动作。对技术的判定需要与实际比赛结合，需要在处理同伴和对手关系中体现出来。这也就决定了技术的合理性、实效性、观赏性特点。

篮球运动组合技术属于技术的范畴，因此也具有这三个特点。除此之外，在任何一场篮球比赛中，无论是进攻方还是防守方都必须根据场上局势选择行之有效的组合技术来完成攻守的任务。组合技术掌握的数量越多运用的时候选择也就越多，这就决定了组合技术的多样性特点。虽然篮球技术在使用上有固定的模式，但是篮球场上比赛情况变幻莫测造成了组合技术在使用的过程中组合的方式和组合的顺序上有很多的不确定性。因此组合技术还具有随机性特点。

二、篮球运动组合技术的实训应用

比赛中组合技术的运用无处不在。基本上，篮球技术中所有的技术参数都是通过组合不同的动作来完成的。由此，能够发现研究篮球技术不只是研究技术层面上的一些原理知识，而是要结合不同的赛事进行具体细致的全面研究。在研究组合和模式的基础上，要不断进行技术实训应用研究。

（一）组合技术的实训应用规律

技术的价值大多数是通过技术的运用来体现出来的，为了达到提升技术运用效率的目的，先要对运用规律有一个基本的掌握。篮球技术是通过组合技术完成的，尽管它具备了灵活多样的特点，但是要掌握住它的规律并不是毫无办法。在分析研究组合技术的时候，大多数可以运用时机、运用效果来进行，同时掌握不同阶段的技术实训应用特性。

第一个阶段指的是学习掌握阶段，即初级阶段。这一阶段要通过观摩教师或者运动员的动作标准，从而对技术动作有一个初步的认识，然后对动作标准进行一项有效的定型。此外，要清楚地认识到，不论是教学还是训练工作，必须对学生和运动员进行充足有效的动作引领，只有将动作真正解析清楚，才能使学生及时理解和有效掌握各项动作的训练特点、运用时机及注意事项等要素。初级阶段实施期间，教师、教练员在实施的时候必须紧贴基础性技术动作这一个主题，否则一旦偏题，就会误导学生、运动员。还需要注意的是，必须要循序渐进，切忌心急过早地加入高强度、高密度训练。在教学的时候，要适时加入语言描述和动作示范。

第二个阶段主要是对组合技术进行一个全面的掌握。教学过程中，如果学生已经基本掌握了单个基础技术性的动作，并且逐渐形成了正确的动作模式，此时，可以开始对其进行技术性动作组合练习。

在开展第二阶段练习时，要牢牢把握住3个问题：一是为了避免组合技术由于连贯性造成的学习困难，教师应当在教学的过程中加入语言性描述促使学生形成一个基本的技术性概念；二是教师应当以整体性概念为主题，向学生详细讲解同类、非同类技术组合之间的关系，确保动作组合不违反组合概念；三是要向学生肯定技术衔接之间的关系，告诉他们技术衔接在组合技术中充分发挥了承上启下的过渡作用。简言之，教师要牢牢把握住衔接表述同衔接动作练习之间的关系。第二阶段的主要任务就是教会学生牢牢掌握组合技术，在技术动作练习过程中更要加之以多组合形式。至此，才是一套成熟的组合技术学习方法。

第三阶段是对组合技术的一个巩固和提高。在这一阶段中，教师需要对第二阶段有一个充分掌握和理解，此外还要进行大量的比赛，以确保实战过程中具备自身组合技术的运用自如，并且牢记于心。在这个阶段，教师应当牢牢掌握技术的共性，并且不断发展。在组合技术中，还有一个不可缺少的环节就是共性、个性之间的组合。共性技术是对组合技术整体性的描述，是组合技术的基础。技术个性则是以共性为基础经过不断实践和比赛，从而设计出自己的特长技术，在从事教学或者训练甚至比赛的时候，要准确利用共性、个性之间的组合技术。如此一来，才能确保共性提高、个性发展。所有的学习和训练，必须要以比赛为出发点，所有教学的宗旨也是为了比赛。因此，在教学过程中要一切为了实战，通过篮球比赛的特点规律对学生进行相应的训练，并且在训练过程中不断加大强度、难度和频率。

在这三个阶段之外，还需要重视篮球意识训练的分配比重。篮球意识指的是运动员在从事或者参加教学培训工作期间，通过大脑不断对篮球活动的积极思考，最终形成一套自身的、课本以外的篮球运动规律。换言之，就是运动员在比赛期间，有效利用篮球技术、战术及原理，并且在赛场上实际运用，这就是一种意识能力。因此，教师在从事教学的时候，需要不断通过语言讲解和动作描述为学生展示出篮球运动在不同时机、不同场合所采用的不同技、战术。通常情况下，篮球意识训练大多数是在组合技术运用阶段培养起来的，教师或者教练员必须以自身为主体，通过全方位、多层次的教学运用，确保学生全面掌握篮球运用，以促进组合技术得以提升。

只有通过上述三个不同阶段，加以巩固和提升，才能确保组合技术运用自如。此外，还要掌握在不同的阶段，教学和训练的目的、任务、方法都是不尽相同的，只有灵活运用才能牢牢掌握住组合技术的教学和训练。大部分的组合技术具备多种难度的特点，只有在实际比赛过程中，组合技术才会纵向或者横向灵活体现。实际比赛过程中，组合技术不仅仅是单一的纵向或者横向，还具备空间性的特点，只有不断调整方向和标准，才能将动作上的变化全部在组合技术中灵活全面地体现出来。

（二）组合技术的实训应用效果的影响因素

1. 身体条件

运动员的身体条件指的是运动员的外形条件及身体素质能力。外在的身形条件则包括了运动员的身高、体重、胸围、臂展、腿长等外部形态特征。身体素质则囊括了运动员的速度、耐力、力量及灵敏度等可以通过后天训练提升的因素。不论是身体外形条件还是素质能力，都对篮球比赛起着决定性作用。当今篮球比赛，比如 NBA 的技战术水平不断增长，场上的节奏也越来越快，比赛更多打的是耐力、素质、对抗性等。这就对当今的运动员提出了更高的要求。

此外，不同的运动员由于身体素质的差异性，他们的技、战术能力和风格也不尽相同。比如那些身高、身长及体重等外形因素都是先天的，但是力量、速度、任性以及耐力等身体素质则大多数可以通过后天训练进行提高。结合不同运动员的身体条件进行不同的训练，为他们制订特有的训练方案，如此才能不断巩固技术能力。

2. 组合技术的掌握程度

运动员训练过程中的技术掌握度，直接影响到自身在比赛场上的发挥和表现。组合技术就是其中一个比较重要的关键。此外，要确保运动员在比赛中充分发挥各自的能力水平，就必须要加强组合技术的熟练掌握能力。其中，熟练度包括技术掌握的数量和质量。这是组合技术掌握的两点重要的指标水平。我们在实际比赛中，可能发现局面很紧促，机会也很少。因此，要求运动员在场上必须能够抓住时机，并且及时做出反应。这就提到了组合技术储备这个专业性要求。

3. 组合技术中的技术衔接

运动员能够掌握和理解技术数量及熟练度都是能够发挥技术组合效能的基础，因此，单个技术间的衔接是极其重要的。一旦衔接不好就会对正常比赛造成一定的影响。从训练角度来看，在进行组合技术训练的时候，还可以采取完整和分解两种方法进行。

在训练中，如果要对组合技术进行有效的训练，那么采取加强完整训练则是必不可少的。它的目的就是确保技术训练的整个过程是完整的。在进行完整训练的时候要加强各项单技能的技术衔接，从而确保整个过程的完整和连贯性。此外，教师在采取不同的完整训练法的时候，还要区分不同难度的技术。在处理简单的技能训练的时候，通常直接采用完整训练法。对于复杂、有难度的技术，则应该区分重点，从最基础的部分开始，再逐步提升难度。此外，还应该区分难易度，先训练容易的，而后再慢慢添加难度。此外，还有细节、频度、幅度等因素，都要考虑进去。

由于组合技术训练的时候，要应对不同的难易度，因此为了提升训练中的组合技术，通常依据特征规律将技术进行一项合理的分解。这样能够降低训练整体的难度，能够更好地被训练者接受，还能推进整个训练的过程，在不影响技术间的联系基础上推动整体训练。训练这种方法的时候，可以针对若干个技术部分进行必要的加强性训练，一直到熟练掌握，如抢篮板球、长传、快速移动、上篮等。这个过程对于那些资质稍微差一些、基础弱一点的运动员还是存在一定难度的，可以将此过程分解为抢篮板球、长传、快速移动、接球、上篮技术。如此，更能为训练者所接受，还降低了难度，提升了训练效率。

分解训练法更适合对运动员训练一些难度较为复杂的组合性技术。在训练这项技能的时候，要确保课程的连续性，不能客观地将动作分解成几个步骤进行训练，如此一来就会达不到训练的目的。所以，在拆解动作进行训练的时候，要紧密结合实际，考虑到实战性。这样才能达到最终的完整性训练的目的。

4.临场应变能力

在所有的球类运动中，篮球运动属于竞技类、对抗性比赛。与体操、武术、田径等竞技类比赛不同的是，篮球运动没有墨守成规的一定的套路。因此，在比赛中运用篮球技术不仅要将日常训练中的技巧充分运用，还要灵活应对场上的形势及时做出改变。因此，在教学工作中，还要教导学生必须在赛场上灵活应变。

运动员在赛场上的应变分为三个过程：一是通过眼睛去观察赛场上的形势、对手的表现；二是利用头脑及时应对对手的动作，做出下一步正确的指令，从而对四肢下达正确的命令；三是利用身体的各个肢体之间的协调性，做出动作以应对对手的动作。

应变能力还可以进一步细致地划分为主动应变及被动应变。从字面上理解，被动应变就是指主体由于对手的强迫性进攻，或者防守所做出的动作逼不得已做出的应急反应。从大量的实践我们能够发现被动的应变反应，实则为主体迫于对手做出的反应动作。主动应变指的是主体根据对手的场上动作及时做出的判断，并下达身体做出反应的过程。不论是主动还是被动，这些反应必须要及时、有效、合理。

第七章　篮球运动员的心理训练

　　心理训练是指有意识、有目的地对运动员的心理过程和个性心理特征施加影响的过程。其目的是使运动员的心理产生最适宜运动训练和运动竞赛的变化，具有自我动员、自我调节和自我控制的能力。篮球运动员的心理训练是适应现代运动竞赛的需要而运用发展起来的。本章主要从篮球运动员的动机培养、篮球运动员的注意力训练、投篮的心理训练、防守的心理训练这四方面来介绍篮球运动员的心理训练。

第一节　篮球运动员的动机培养

一、动机的内涵与功能

（一）动机的内涵

　　动机是在自我调节的作用下，个体使自身的内在要求（如本能、需要、驱力等）与行为的外在诱因（如目标、奖惩等）相协调，从而形成激发、维持行为的动力因素。动机具有"方向"和"强度"两个维度。"方向"与一个人目标的选择有关，即人为什么要做某件事；"强度"与一个人激活的程度有关，即为了达到某一目标，人正在付出多大努力。动机是个体的内在过程，行为是这种内在过程的结果。所谓运动动机，是指在自我调节的作用下，运动员个体使自身的内在要求（如本能、需要、驱力等）与行为的外在诱因（如目标、奖惩等）相协调，从而形成激发、维持参与运动行为的动力因素。

　　动机的性质是多种多样的。不同性质的动机对人具有不同的意义，使人具有强度不同的推动力量。行动的方式、行动的坚持性和行动效果，在很大程度上受动机性质的制约。同样，篮球运动员良好的运动动机包括的内容也是多样的。例如，深信自己具有广阔的发展前景，相信通过艰苦的训练能达到较高的运动水平；使自己在获得成绩时能够稳定地定向，保持心理稳定状态；树立集体荣誉感，使自己能与运动队所有的队员建立起良好的关系，从而使运动队成为一个团结的集体等。

（二）动机的功能

人的行动总是由某种原因所激发并指向一定的目标或方向。这种激发行动赋予行动以方向性的动力过程，就称为"动机功能"。运动动机对篮球运动员参加训练起着激发功能、指向功能、维持和调节功能。

1. 激发功能

人的行为都是由一定的动机引起的，篮球运动员不会无缘无故地到篮球场进行训练。当他们从事篮球训练时，表明他们内心中一定产生了想要训练的愿望。当愿望达到一定强烈的程度时，就成为一种心理动力推动运动员行动起来，投入篮球训练中，使运动员由静止状态转向活动状态。这就是运动动机对篮球运动员参与运动训练的激发功能。

2. 指向功能

运动动机不仅能激发篮球运动员的运动行为，同时还能使运动员的运动行为具有稳固而特定的内容，将行为指向一定的对象或目标。例如，同样是在进行篮球训练，有的运动员侧重于对控球能力的培养，有的运动员则侧重于对投篮命中率的提高。这些差异都是运动员运动动机的不同造成的。

3. 维持和调节功能

个体的行为通常要指向预定的目标，而预定的目标需要经过一系列的阶段性目标才能达到。篮球运动员在完成系列目标的过程中，运动动机对行为不但能起激发、指向的作用，而且也能维持和调节运动员活动的强度和持续时间，保证行为有序进行，最终使行为达到预定目标而不发生偏离。

良好的运动动机对篮球运动员的运动行为具有积极的推动作用，因此，应当培养和激发运动员正确的运动动机，使运动动机的促进作用得到充分的发挥。同时还应认识到运动动机对运动员行为的影响是复杂的，不适宜的动机会对运动员的运动行为产生不利影响，教练员在平时的训练过程中应当对运动员运动动机的性质与强度做出准确的判断，当运动员出现不良运动动机时，及时地进行调控，以促进运动员更好地进行篮球训练。

二、篮球运动员动机的培养策略

(一) 合理运用强化手段

强化是指当篮球运动员出现可接受的运动动机时,给予奖励或者撤除消极刺激的过程。正确的强化,是主要从外部刺激动机的方法。如果运用得当,强化不仅可以激发篮球运动员的外部动机,也有利于篮球运动员内部动机的培养。如果运用不当,则可能既破坏内部动机又破坏外部动机。强化作用可分为两种,一种是积极强化,另一种是消极强化。

积极强化是指篮球运动员出现特定的行为时及时给予奖励。这些奖励既可以是精神奖励(如教练员的微笑、表扬等),也可以是物质奖励(如奖杯、证书等)。消极强化是指通过撤除消极的结果来鼓励篮球运动员的特定行为。例如,在篮球教学比赛前教练员规定负方罚跑 2000 米,但是比赛结束后由于负方队员表现出色,教练员决定免去罚跑,这种强化就是消极强化。在教学训练中,教练员应合理运用强化手段,以便更好地培养和激发篮球运动员的运动动机。

进行强化时应注意以下原则:

1. 明确规定应获奖励的行为、奖励的条件及奖励的标准。例如,在篮球教学比赛中规定,谁如果在全场比赛中抢到规定数量的篮板球,则下次训练课就可以自选准备活动或带全队做准备活动。

2. 最好对达到标准的良好表现进行没有规律的强化(奖励)。

3. 鼓励运动员间的相互强化。

4. 奖励不能过量,不能让运动员感到教练员正在企图控制他们的行为。

5. 应使运动员懂得,奖励不是最终目的,它只是能力、努力和自我价值的标志,这有利于加强内部动机。

(二) 帮助运动员树立切合实际的目标

在运动员的动机系统中,目标作为诱因,是较稳定而持久的重要因素。目标设置直接关系到动机的方向和强度。正确、有效的目标可以集中运动员的能量,激发、引导和组织运动员的活动,是行为的重要推动和指导力量。合理的目标设置可以激励运动员产生更好的任务表现。教练员应帮助运动员树立切合实际的训练目标,让他们的训练具有明确的目的和任务。目标的树立既包括长期目标的设立,也包括近期目标的设立。

长期目标具有一定深度的诱因,它要求运动员对未来做更远的考虑。通过长期目标的设立,可以鞭策运动员不断激励自己朝这个目标努力。通过近期目标的设立,可以督促学生运动员踏踏实实地提高自己的技战术水平,最终实现长期目标。在制定目标时,教练员一定要根据运动员的现有水平来制定。在设置实现目标时必须要考虑到运动员对目标的完全接受和认同,应设置经过努力可以实现的程度为好。

班杜拉认为,人的自信心受四种因素影响:过去成功的经验、对别人成功的了解、自我劝导及对自己当前生理状态的解释。其中最重要的就是第一点。成功就是目标的实现,运动员所达到的目标越多,所体验到的成功感就越强,自信心也就越强。阿特金森研究表明,目标定的难度在成功确切率的50%以下时,训练成绩最好。

可见,目标定得过分容易,参与者的活动动机就会降低。相反,目标定得过高,再努力也难实现,目标失去了诱因的作用,动机也就无从引起与激发。因此,将长期目标转化为现实的、具体的中期目标和短期目标对篮球运动员来说是极其重要的。运动员的训练目标越明确,努力的方向就越清晰,进行篮球运动训练的动机也就会越强烈。

(三)对运动员提供积极的反馈

篮球运动员在篮球训练中能够及时获得反馈信息,了解自己的技术水平、体能和健康状况的提高情况,有利于他们进一步激发参与篮球训练与比赛的动机。因为运动员看到了自己的进步,会增加篮球训练与比赛的热情,增强努力的程度;如果看到自己的不足,会激起不甘落后、迎头赶上的上进心。

篮球教练员对运动结果的积极反馈,有利于强化运动员的运动动机。研究表明,应该不断地使运动员感觉到自己的努力是有效的,并不断给予他们成功的反馈。积极的良性反馈,可以让运动员看到自己锻炼的结果和进步,有利于增强自信心,提高锻炼的自觉性,找准努力的方向,使他们努力坚持下去,不断取得进步。而且,及时的反馈能使运动员了解自己的弱点与不足,从而主动克服缺点,为争取好成绩而积极努力。

在篮球教学中,反馈的形式多种多样,例如,社会性评价、象征性评价、客观性评价和标准性评价等。在对运动员的篮球训练和比赛提供反馈和评价时,教练员往往要根据运动员的进步或退步情况给予表扬或批评。表扬和批评都是以促进运动员的努力和进步为目的的。在多鼓励、严要求和适当、适度批评时,要力争做到表扬每名运动员的每一次进步,强化每一次努力;要针对不同年龄、性别和能力的运动员进行表扬和批评。例如,对经常受表扬的运动员,要适当地指出其不足,对能力较差的运动员要通过及时表扬他们某一方面的点滴进步给予鼓励；要"对事不对人"，尤其是将表扬和批评的重点放在运动员是否努力上，放在行为表现上，放在是否有所提高上；要树立运动员的评价标准，使他们逐步做到自我表扬和批评；要了解运动员对所受的表扬与批评的理解和评价，如果运动员对表扬和批评满不在乎，表扬、批评多了就不起作用了，而运动员将表扬和批评作为对自己的一种鼓励和帮助，则具有积极的效果；要公开表扬，私下批评，理智、慎重地使用惩罚，如能启发运动员自我寻找成功或失败的原因和过程，启动他们的内部动机调控机制进行反思，则能将动机的外部控制转化为学生本身的任务定向的内部控制。

运用反馈原理激发和强化运动员的运动动机，要坚持从运动员的实际出发，以鼓励性评价为主。特别是对那些运动能力稍差的运动员，要从他们的基础出发，发现运动员的点滴进步要及时予以表扬，即使对运动员进行批评也应该用诚恳的、积极的、建议性的语言，告诉运动员改进的措施及努力方向，激励运动员参与篮球运动的积极性。

（四）给予自主权和培养责任心

在篮球运动中，教练员对于训练和比赛所做的安排往往是比较适合运动员发展的。然而，最了解运动员情况的，莫过于运动员自己。一旦运动员学会了如何自己设置训练计划，掌握了做出正确决策的方法，他们可能设计出更好的计划，可能会有更强烈的责任心去执行自己制订的计划。

篮球教练员应根据运动员的能力和水平，在有组织的范围内下放权力，培养篮球运动员的责任心、自觉性及在有限条件下做出正确决策的能力。这样不仅能培养和激发运动员的内部动机，而且还会使运动员在将来的生活和工作中受益。然而，在下放自主权的过程中应注意以下问题：

1. 根据运动员的能力和水平，有选择地下放自主权。

2. 放权后耐心帮助运动员进行决策，不要急于求成，过分指导。此时，篮球教练员应该花些时间同运动员一起讨论决策的方法和决策中应注意的问题，并让他们了解自己过去做出的一些决策的原因。同时，应允许运动员在决策中出错，出错时要帮助他们从中汲取教训，待运动员对他们的责任习惯后，错误自然会减少。不适当的过分指导，往往会损害运动动机，因为这样做实际上剥夺了运动员学习自我调整、自我做出决策的机会，而且，运动员也很难一次改正很多错误。

3. 篮球教练员应具有移情心。移情心是一种理解运动员情感和态度的能力，一种会站在运动员的角度来观察思考问题的能力。这种能力会在教练员和运动员之间创造一种信任感。篮球教练员应充分理解运动员在训练和比赛中所面临的困难和挫折。

(五) 提高运动员的自我效能感

自我效能是指一个人对自己能否成功地完成一项任务所持的信心和期望，或者对自己成功地完成一项任务所具备的潜能的认识。自我效能是促进篮球运动员运动动机的重要因素，自我效能高的运动员，参与篮球训练的动机也较高，反之则低。

篮球运动员的自我效能与他的失败经历有关。教练员应正确对待运动员遭受的挫折与失败，最大限度地减少挫折与失败对运动员造成的负面影响，强化运动员的自我效能。强化自我效能还应注意把握好尺度。对于骄傲自满或盲目自信的运动员，教练员可以在教学和训练过程中增加动作难度，使运动员重新认识自身条件，认真反思并调节自身行为，促进其心理机制的健康发展。对于内向自卑、运动成绩较差、表现欲望较低的运动员，教练员应更多地运用成功激励调动这类运动员的训练积极性。

第二节 篮球运动员的注意力训练

一、注意力的定义及功能

(一) 注意力的定义

所谓注意力，是指心理活动对一定对象的指向和集中。注意力的对象可以是客观存在的具体事物，也可以是自己的行动或思想。当一个人学习运动技能或是参加比赛时，他的心理活动或意识总是指向和集中于一个对象上。例如，在运动员学习一种新的技能时，眼睛总是一直盯着教练员的示范动作，这时，该运动员的心理活动集中在教练员所讲的内容上，在这期间他无暇顾及其他事情。也就是说，注意力是心理活动或意识朝向某一方向活动，对选择感觉输入的一部分信息做进一步的加工。注意力的对象是在变化的。例如，当周围传来了嘈杂的声响时，运动员的注意力可能会从教练员身上转移到这个出现的新异刺激上。不过大多数情况下，人们都可以有意识地控制这种注意的变化。

指向性和集中性是注意的两个基本特点，它们相互联系不可分割，是同一注意的两个方面。注意的指向性显示出人们的认识活动具有选择性。人们对认识活动的客体进行选择，如运动员在听教练讲解动作要点时，他的心理活动不是指向训练场里的一切事物，而是把教练员的讲解从许多事物中挑选出来，并且把心理活动保持在教练员的讲解上。注意的集中性不仅是指把注意集中在教练员的讲解上，而且也是对与听课活动无关的甚至有碍的活动的抑制，这样才能使教练员的讲解更加鲜明和清晰。

（二）注意力的功能

在竞技运动过程中，不论是哪种体育项目，也不论是教练员还是运动员都认为，注意力品质是直接影响运动员技术水平提高和比赛获胜的重要心理品质之一。这与注意力的功能是分不开的。注意力作为一种复杂的心理活动，一般来说具有选择功能、维持功能、调节和监督功能。

1. 选择功能

注意的选择性是指人在每一瞬间的心理活动或意识只能优先选取需要加工的对象，而忽略了其余的信息。人在任何特定的时刻都可以得到围绕着自己的无数刺激。这些刺激有的对人很重要，有的对人不那么重要，还有的毫无意义甚至会干扰当前正在进行的活动。对作用于各种感受器的种种刺激，只有加以注意，我们才能选出那些有意义的符合我们需要的刺激。例如，在运动技能学习的初期，运动员的注意力范围非常狭窄，他们只能注意到局部动作的基本动作要领，而往往忽略了动作与动作之间的连接。再如，参加篮球比赛的运动员为了在比赛中获胜，就必须对相关信息进行优先选择，对无关信息加以排除。这些都是注意的选择特性。活动任务的特点、难度和意义决定着注意选择的标准。

2. 调节和监督功能

在注意状态下，人们常常把自己的行为和一定的目标进行比较，并通过反馈的信息相应地调节、监控自己的行为，使之与目标相一致。一旦活动偏离了预定的方向或目标，人就会立即发现，并且及时地进行调整，以保证活动顺利完成。这就是注意的调节和监督功能，它是注意最重要的功能。由此可见，注意对篮球训练或比赛具有十分重要的意义。它可以保证运动员及时地调整自己的心理活动，使心理活动指向并集中于对训练或比赛有益的刺激上，从而使运动员更好地适应环境，提高训练或比赛的成绩。

二、注意规律在篮球运动员训练中的应用

在篮球训练中，运动员经常会出现不能集中注意力的现象。那么，运动员注意力不集中的原因是什么呢？在训练时教练员又该如何加强运动员的注意能力呢？

（一）造成运动员注意力分散的主要原因

在篮球训练过程中，造成运动员注意力分散的原因是多种多样的，既有客观的原因，也有主观的原因。

其中，客观原因主要为：无关刺激的干扰，学习内容枯燥，训练方法单一，教练员对运动员注意力的调控能力差。主观原因主要为：意志消沉，情绪的急剧波动，逆反心理或冷淡态度，寻求注意和承认。

（二）运用注意规律组织篮球训练

在篮球训练过程中，许多外在和内在的无关刺激不断干扰着运动员的正常训练，很容易导致运动员注意力分散。运动员只有注意力集中，才能全神贯注于教练员的讲解和示范，领悟才能迅速，印象才会深刻。如果教练员在教学过程中能有效地运用注意规律来组织教学，教学活动就能更好地进行下去，训练效果也会得到进一步的改善。

1. 运用无意注意规律组织教学

（1）有效减少刺激因素的干扰

篮球教练员在组织教学时，在教学环境方面应尽量避免各种与教学无关的刺激影响，保持一个安静的教学环境。外界的无关刺激物随时可能出现，刺激物之间的任何显著差异都容易引起运动员的注意。在课前，教练员应精心布置场地与器材；讲解动作时，语言要生动形象、富有激情；运动员一旦出现注意力分散的现象，应及时对其进行提醒，引导运动员集中注意力。

（2）制定符合学生实际的教学内容

篮球教练员在制定教学内容时，应充分考虑运动员已有的知识经验。凡能满足运动员的需要、激发运动员的情感、符合运动员年龄特征和个性倾向的事物都能吸引运动员的无意注意。教材内容的安排要循序渐进、力求新颖，并具有一定的思想性、科学性和娱乐性。必要时可以通过做一些篮球游戏的形式来使运动员产生兴趣，引起注意。

（3）合理安排运动负荷，防止过度疲劳

在篮球训练中，体能练习对运动员的生理和心理产生的刺激或压力的总和就是运动负荷。教练员应根据运动员的年龄和心理活动变化规律，来把握每节课的运动负荷。运动负荷过小，就不会起到良好的训练效果。若片面追求大强度、大负荷的训练方式，不仅容易导致身体损伤，更容易使运动员由于运动负荷过大而产生疲劳，从而产生厌倦心理，注意力分散，影响训练效果。

2. 运用有意注意力规律组织教学

（1）使运动员明确训练的目的和任务

有意注意是一种自觉控制的注意，它服从于一定的目的和任务。篮球运动员对训练的目的和任务越明确、越深刻，有意注意的能力就越强。在教学过程中，教练员应提出具体的目的、要求、内容及具体方法，让运动员切实地感受到集中注意对完成训练的重要性，并懂得如何正确集中自己的注意，以此来提高篮球训练的效果。

（2）培养运动员的间接兴趣

注意与兴趣密切相关。间接兴趣是指对活动结果和意义的兴趣，它可以引起和维持运动员的有意注意。例如，篮球运动员在进行身体素质练习时，素质练习本身是枯燥和艰辛的，难以引起运动员的直接兴趣。但运动员对素质练习的结果却是感兴趣的，因为运动员的身体素质会得到提高。这就促使运动员始终保持着有意注意的较高水平，训练中就会更加积极和主动。因此，教练员应注重培养运动员的间接兴趣，以便引起和维持运动员的有意注意。

（3）加强组织纪律和课堂常规教育

在篮球训练过程中，运动员自觉遵守组织纪律是集中注意的重要条件。运动员的纪律性越强，有意注意持续的时间也就越长。运动员的组织纪律性是在长期的学习与训练中培养起来的。篮球教练员在平时的教学训练中，应重视对运动员进行组织纪律性的教育，使运动员在训练中严格按照要求去做，养成良好的训练习惯。

（4）培养运动员坚强的意志品质

在篮球训练中，运动员的有意注意常常会由于无关刺激的干扰，或者注意对象的枯燥，而产生分散。此时运动员就必须通过坚强的意志努力去排除内外的干扰，将注意力集中在与篮球训练有关的因素上。因此，在平时的篮球教学过程中，教练员要注重对运动员进行意志品质的教育，使运动员以坚强的意志与困难和干扰做斗争，以保持训练时的有意注意。

3. 运用无意注意与有意注意转换的规律组织教学

运动员在篮球训练中，既需要无意注意的参与，也需要有意注意的参与，二者不断地交替参与是注意的正常状态。如果只依靠无意注意，会使教学活动缺乏目的性和计划性；若过分依靠有意注意，则容易造成运动员疲劳和注意的分散。这就要求教练员要善于利用无意注意与有意注意的转换规律组织教学。

在教学过程中，教练员要使学生对学习目的有明确的认识，逐渐引导他们对学习内容本身产生深厚的兴趣，并在必要时引导他们强化注意。在教学组织上，要力求生动、紧凑，合理而有节奏，教学方法要灵活多样，使每位运动员都能投入到紧张而有序的练习中，减少分散注意的机会。根据注意的变化规律，篮球训练时注意曲线有逐步上升、相对稳定和逐步下降三个阶段。因此，在训练课开始时，教练员应通过集中注意练习，引起运动员的有意注意；然后让运动员对准备活动的内容产生兴趣，产生无意注意；当运动员在训练中遇到困难而丧失信心时，又要通过鼓励的方式使运动员由无意注意转入有意注意；在篮球训练的结束部分，教练员要适当调整运动员的运动负荷，使用一些放松的手段使运动员由有意注意转入无意注意，以调节机体、消除疲劳。

总之，在篮球教学过程中，教练员要善于利用无意注意规律、有意注意规律、有意注意和无意注意相互转换的规律来集中和保持运动员的注意力。这不仅能对指导运动员的学习与训练起到非常重要的作用，而且还能更好地提高篮球训练的效果，完成篮球教学任务。

在篮球训练中，注意伴随着一切心理活动的始终，是组织和发展运动员智力水平的重要因素。注意的不同类型及注意的不同品质，在篮球训练与比赛中会发挥不同的作用。通过分析造成运动员注意力分散的原因，利用注意的规律来进行篮球训练，必将促进篮球运动员训练水平的提高。

（三）进行专门的集中注意力的心理技能训练

注意力在篮球运动员学习和掌握运动技能的过程中起着十分重要的作用。根据运动员的个体差异对他们进行专门的集中注意力的心理技能训练，可以有效地提高运动员的注意能力，从而达到完善运动技能、提高运动成绩的目的。

1. 排除内外消极干扰的训练

有些篮球运动员在比赛期间，很容易受到外来事件或内在消极想法的干扰，从而影响临场发挥。一种有效的方法就是将这些事件或想法利用自我暗示的形式，将它暂时搁在一旁，以便集中注意力去比赛，待比赛结束后再来处理它。在训练时，可以要求运动员先将这些事件或消极想法记录在纸上，然后将记录放下，待训练结束后，再回去把记录取出并加以处理，这种方式熟练后，便可应用在实际比赛中。

2. 想象将"失败"转变为"成功"的训练

有的篮球运动员常常会在发生失误后无法集中注意力，面对这种情况，我们通常采用的方法是训练运动员把失败转变为成功。这是一种认知转变训练的方法，当发生失误时，运动员随即想象相同的成功动作，而不要反复考虑失误动作。当我们在口头上或心理上反复叙述自己为何失误时，此时亦等于正在进行"视动行为演练"，正在想象自己再一次重复错误的动作，而这种想法会严重地影响到往后的动作表现。因此，篮球教练员可以鼓励运动员在他们失误时，避免一再地谈论失误的情景，而应该在脑海中想象下一次完美的动作，以促进以后的运动效果。

3. 自我谈话

积极的自我谈话是帮助保持注意集中、营造积极心态的训练方法。在比赛不顺时或高挑战情境下，人们常会出现自我贬抑的一些想法。此时，停止消极思想，用积极思想来避免注意力陷入过多的内心分析当中是必不可少的。积极的自我谈话的特点包括鼓励自己，全力以赴，关注每一个子任务和目标，保持积极的氛围。

积极的自我谈话需要以下步骤：（1）用积极自我谈话取代脑海里出现的任何消极谈话。在内心集中注意力，同时对唤醒水平做出一些调整。（2）在小范围内从外部把注意集中于和任务有关的线索上。（3）一旦有了注意控制的感觉，就立即完成运动技术。

4. 模拟比赛情境并设置比赛行动方案

模拟比赛情境是一种运用图像和言语模拟来帮助运动员适应新环境，集中注意力，减少分心因素干扰作用的方法。在比赛时，来自观众、裁判员、工作人员及对手等外界分心物与运动员的自我担忧、不安等内部分心物一起影响着他们的运动表现。在训练中模拟比赛中的各种情景可以让运动员从身体和心理上形成习惯。研究发现，成功的运动员很强调模拟训练在他们平常训练中的重要性。设置比赛行动方案是帮助运动员做好比赛准备，将注意力放在比赛全程的每一个环节上的一种方法。这种方法的重点是要求运动员聚焦当下，并强调过程目标。研究发现，设置比赛行为方案对提高运动员的注意集中技能很重要。在设置比赛行动方案时要充分利用过去常用的例行动作。例行动作可以增加运动员在表现前或表现中不被内在或外在分心物影响的可能性。

第三节　投篮的心理训练

一、投篮的表象训练

（一）表象训练在投篮中的动作运用分析

1. 通过建立和回忆动作表象活动促进技能的形成

由瞄准点、手指、手腕及全身协调用力，出手角度及速度、球的旋转及飞行抛物线和入篮角度等组成的投篮技术动作，其动作技术环节十分抽象，尤其对初学者而言很难在短时间提高投篮命中率，如仅采用常规的教学方法，只能使肌肉活动占优势，大脑活动却受到限制,尽管不断重复同一动作,但动作过程中肌肉的感觉并不十分清晰,动作表象也不完整,动作要领不清楚,因而很难有好的教学效果。而采用表象训练时,可以在动作技能练习过程中通过主动、有意识地建立和回忆动作表象活动来促进运动技能的形成,同时,根据练习的具体情况讲解示范,帮助练习者在头脑中建立清晰的动作表象时,也不能过多地注意动作细节,示范也不宜太快,以便把视动觉的中心指向动作要点上。这样就可以避免和防止初学者对示范讲解被动接受,调动初学者学习的主动积极性,启发初学者的思维,培养初学者的创新精神,巩固和完善技术动作,加快正确动力定型的建立,进一步提高投篮动作技术的准确性和各肌肉群用力的协调性,增加投篮命中率。

2. 使正确的技术动作得到强化

投篮动作分为六个阶段:脚、程序、手、腕肘、膝和投篮。每个阶段都有具体要求和正确姿势,要想尽快使初学者掌握动作技术,先要在大脑皮质中建立正确、清晰的动作表象。然后将大脑皮质贮存的动作表象信息转变为神经冲动,再传至效应器,做出正确的投篮动作。应采用表象训练法通过对投篮技术动作在大脑中的反复回忆,使正确的技术动作得到强化。当错误动作出现时根据初学者的练习情况采用整体示范与分解示范相结合,甚至放慢示范速度和放映幻灯片、讲练结合等多种表象训练手段,使初学者体验肌肉的用力感觉,有效调控参与投篮和支配各肌肉间的缩舒活动,建立正确的视动觉表象,有利于加速形成正确的动作技术。

3. 使初学者有更多的练习机会

表象训练法使初学者有了更多的练习机会,特别是能静下心来在大脑中回想投篮动作过程,同时对投篮某个技术环节进行练习,如此可使纠错的随意性和可控性大大提高。例如,压腕拨球练习是提高投篮命中率的关键因素,学生运用正确的动作技术动作要领通过表象训练后,手指、手腕部位的小肌肉群力量得到了发展,手指、手腕部位的协调用力控制能力更加精确,同时也带动与其相关的大肌肉群正确用力的协调性,这对于投篮的瞄准也具有很好的辅助性效果。通过压腕拨指力量的大小来控制篮球的飞行高度,练习投篮手型,提高手指、手腕肌肉的本体感觉和提高投篮时篮球出手的角度与弧度,使球在空中飞行呈向后旋转和形成适合进篮的最佳抛物线,从而使投篮的命中率提高。

4. 有利于形成正确的投篮动力定型

在表象训练过程中,教练发现初学者做出较理想的投篮技术动作时,立刻让学生小结与建议学生默念整个动作要领和想象各个动作技术要点及完成动作时的情绪体验,使整个动作过程在头脑中形成更加清晰的印象,这极有利于学生形成正确的投篮动力定型。

（二）表象训练在投篮教学中的应用

1. 建立正确的投篮动作表象

上课时由教师对投篮动作进行讲解、示范，并以多媒体手段，帮助初学者建立正确的投篮技术动作表象，在对该技术动作进行模拟和练习的基础上，要求初学者用自己的语言对所理解的投篮动作加以描述。

2. 建立"表象—动作"的映射关系

练习中要求初学者在大脑中有意识地再现正确的投篮动作图像，并与自己的这一技术动作建立主动的联系和对照，找出自身的差异和不足之处，使自己的动作逐步向"表象"逼近，产生正确的动作定型效应。

3. 建立"表象—动作—思维"的训练程序

针对投篮技术受心理因素影响较明显的特点，表象训练法要求初学者在训练中从实战的角度建立一套适应自己身体特点的训练程序，融表象、动作和思维于一体。其要点是：对动作的全过程进行"过电影"式的连贯想象，力求完整、细致、准确；注意体验投篮时与这一动作相伴随的内心图像及相关的生理反应；运用思维的能动性去协调心理活动与投篮技术动作之间的关系，调动尽可能多的心理和技术能量去提高投篮成绩，即投篮命中率。

二、罚篮的心理训练

罚篮是投篮技术的一部分，在完全没人防守的情况下直接投篮得分，其命中率高于攻守对抗中的跳投。但由于比赛的性质、对手和观众的不同，球员承受着外界的压力，使他们出现各种心理反应，特别在双方球队实力均等情况下，由罚球来决定比赛结果的时候，球员所要承受的压力就可想而知了，所以罚球时如果不进行有效的自我调节就会导致命中率的下降。

（一）罚篮的心理问题

比赛中能否发挥高超水平，达到最佳的竞技状态，获得最好的竞技成绩，将取决于身体素质、运动技术、心理素质三大要素，其中身体素质是保证动作质量的物理基础，运动技术水平是基本条件，而心理素质是使两者能充分发挥作用的内部动力。有分析认为，低水平运动员罚球的成功率30%属于心理因素；而高水平运动员罚球的成功率

70%属于心理因素。总结罚球的心理问题集中在以下五方面：

1. 调节与控制焦虑紧张情绪的能力弱

紧张焦虑情绪是在实际活动中由于缺乏应付或是适应一种可怕情境的力量或能力而引起行为失控的一种情绪体验，这种情绪往往是由于运动员对比赛的胜败过分担心而造成的。比赛过程中出现紧张焦虑情绪，也与比赛的性质、规模、竞赛对手的强弱有关。运动员罚球时紧张焦虑，会出现呼吸急促、手颤脚抖，使投篮动作变形而导致罚球不中。

2. 注意力不集中、产生不适宜的兴奋

罚球时，罚球队员便成为全场的焦点，来自场上或场外的各种干扰很多（如观众的呐喊、对手的挑衅等），极易使其注意力分散，从而使罚球命中率下降。兴奋水平过高或过低都不利于罚球。兴奋性过高时表现为急躁，易激动，处处想表现自己，罚球也不能静下心来而仓促出手；而兴奋水平过低时，则表现为对比赛冷漠，身体软弱无力，无所谓的态度去罚球，从而影响罚球。

3. 内在心理因素

（1）缺乏自信

自信心是发挥运动能力的重要因素之一。球员在比赛罚球时没有足够的心理准备，缺乏自信，容易产生心理活动过程的混乱，特别是在罚球决定胜负的情况下，更可能表现出畏缩害怕的恐惧心理。如果在关键时刻罚球时，由于自信不足，从而导致紧张、慌乱和自我控制能力差的心态，使肌肉紧张和技术动作不协调，最后造成罚球命中率下降。因此，自信是罚球的重要条件之一，也是罚好球的前提。

（2）焦虑情绪

运动员在比赛过程中出现紧张焦虑情绪，多为心理素质差的表现，这与个人对所产生的后果的理解有着密切关系。另外也与观众形成的特殊气氛、比赛的性质规模、竞赛对手能力有关，尤其是关系到个人和集体荣誉的时候容易情绪紧张、动作失调。平时训练有素的运动员，在比赛时经常产生良性情绪。这种情绪体验能鼓励运动员的信心和斗志，提高克服困难的信心。而缺乏比赛经验的运动员，不能正确预测和应对环境的变化，产生各种精神负担，从而引起情绪紧张，造成自己技术动作的失调。在罚球过程中，出现呼吸不均、手颤、本体感受器失调，结果导致罚球失败。

（3）体能消耗

在激烈的篮球对抗比赛中，体能的消耗和水分的流失，都会出现疲劳和体力不佳的情况。导致罚球动作的变形和节奏的不连贯，而这些问题的出现都会影响到罚球的命中率。特别在第四节关键比赛中，每个球员体能都有一定的消耗，那时就看队伍平时体能训练的效果好坏，这有可能决定比赛的胜负。

4. 外在因素

（1）外界干扰

这里所说的外在环境是指球场以外的一切能够干扰球员发挥的因素。例如，罚球时观众的呐喊声和让人眼花缭乱的气球棒等，给球员带来各种倾向性和刺激性的声音等，让球员不能在短时间内集中注意力进行罚球。还有裁判员的因素，有些球员的情绪容易受裁判员水平高低的影响，裁判员的误判、漏判和错判等，很容易引起球员的不满、愤怒等消极情绪。这些因素都间接影响到球员罚球时的效果。

（2）队友和教练的期望

往往在关键的罚球时，队友和教练的期望形成一种无形的压力，这种压力会在球员脑海里不断出现，间接影响到球员罚球时的情绪。或者比赛前教练对球员的指标定位过高，期望值太大，容易造成球员背着心理包袱进行比赛。有些球员在比赛中很在意教练员对自己的评价，在比赛中教练员的语言、态度、身体形态等都将影响到运动员的情绪。这些因素都给运动员造成紧张的气氛，影响到球员罚球水平的正常发挥。

5. 技术因素

罚球技术动作不规范。罚球时由于运动员投篮的技术动作不规范导致罚球失误：（1）持球手法不正确，五指没有自然分开，用手心托球。（2）肘关节外展，致使上肢各关节的运动方向不一致。（3）投篮时，上下肢配合不协调，导致投篮动作脱节。（4）双手投篮时，两手用力不一致，伸臂不够充分。

投篮有附加的多余动作，如前上步、侧跨步。由于多余的动作，增加了投篮动作环节，影响了出手瞬间的身体平衡，导致罚球不中。

（二）罚篮的心理训练方法

1. 模拟训练法

模拟训练法是指模拟和有意设置某些在正式比赛中可能出现的情景和条件而进行训练的方法。在平常的罚球训练中，同伴可以在一旁起哄、呐喊或做一些动作来模拟比赛场景，或是在教学比赛结束前比分接近的情况下有针对性地进行罚球练习，以培养队员罚球时抵御各种外界刺激和干扰的能力。另外，在疲劳状态下进行罚球练习。在较为剧烈活动后或完成一次大强度的练习后罚球，提高队员克服疲劳进行罚球的能力。例如，连续两组全场折返跑后马上进行罚球练习。

2. 注意力训练法

注意力是人心理活动对一定事物的指向和集中，集中注意力是运动员排除外界干扰专心致志进行罚球的前提条件。而注意力集中的反面则是注意力分散，即通常所说的"分心"。训练方法主要有以下几种：第一，培养球员良好的参赛动机。在比赛时，要引导球员以正常的心态去参赛，对比赛结果的胜负不要过分担心，将生活和训练中的烦琐之事暂且搁置脑后，应将全部的注意力集中在比赛过程之中。第二，看表法。集中注意力看手表秒针的走动，先练习 1 分钟，再逐渐增加时间到 2 分钟、3 分钟。如果能持续到 5 分钟以上而不转移注意力，则是很好的表现，这样持续下去反复练习，集中注意力的能力就会有很大的提高。第三，视物法。将注意力集中在一个目标上，然后闭眼回忆这个目标的形象，反复多次，直到该目标在头脑里清晰地再现为止。

3. 自信心训练法

自信心是影响运动员水平正常发挥的心理因素之一。自信心缺乏会使运动员在罚球时产生心理恐惧，思想负担过重，不能有效地控制好自己的心理机能和运动感觉，罚球表现得小心谨慎，生怕有丝毫闪失，动作紧张、迟钝、僵硬和不连贯而不能发挥出应有水平。训练方法：

第一，自我暗示。自我暗示训练是一种积极主动的心理训练方法。这能够引导运动员形成一种良好的竞赛心理状态，能够积极有效地增强自信心，消除紧张情绪、放松身体。罚球时，暗示自己罚球技术的正确性，提升自信心。比赛中运动员应抓住执行罚球前裁判员与记录台联系的这段时间，进行自我心理调节，使自己的情绪稳定下来。例如，罚球时可以默念："我能！我可以！"

第二，施加压力的情况下进行罚球练习。分成若干队，每队派一个代表罚球两次，全中则不受罚；如一次不中，则全组罚跑 28 米往返一趟；如两次都不中则全组罚跑两趟。一组赛完，重选代表再进行练习。

4. 呼吸调整法

在很多优秀运动员中，在进行罚球时并不是从裁判手中接过球后直接出手，而是先轻松地拍几下，做一两次深呼吸再投。这可以达到心理控制的作用，稳定自身情绪，把高水准的技术动作重新植入大脑从而达到提高罚球命中率的效果。

在罚球时的呼吸调整的步骤一般为：（1）放松自己的心情，保持肌肉的柔和性；（2）调整自己急躁的情绪，保持稳定心理；（3）拿到球后进行缓慢而平稳的呼吸，保持良好心态；（4）在球投出去之前，深呼吸一两次，投篮时保持动作的流畅性。

5. 意念训练法

意念训练法是指运动员在比赛中有意识地、主动地利用大脑中已形成的运动表象或充分利用想象进行训练的方法。人的想象可以使一定的图形在人脑中闪过并会形成一定的记忆，或是形成一种回想性复习。平时训练中可以让运动员在安静的时候多回想自己罚球的技术动作,并对自己的动作进行一番全面回想与再认知,或是对错误的、不完美的动作进行改进。这样能达到巩固和改进罚球技术的目的,对稳定情绪和集中注意力也能起到良好的作用。在正式比赛中,运动员罚球之前,就可以通过对投篮技术动作要领的回忆,在大脑皮质中留下整个投篮动作的"痕迹",然后在罚球时再将这些"痕迹"激活,就可更准确、更协调地完成罚球动作。

意念训练时的要求是:第一,在进行冥想过程中,要使球员的注意力高度集中,可在安静舒适的地方坐下或躺着,让球员闭目练习。第二,要有意识地发展球员的思维能力,并将投篮动作各个环节的发力感觉和顺序与之结合起来。

6. 比赛模拟训练

比赛模拟训练是以接近实战条件对运动员进行旨在提高临场应激能力的心理训练方法。这种方法可以强化意识,提高作战能力,增强自信心。其目的是使练习者在今后的实战中能够适应环境,提高对外界不良刺激的抗干扰能力,有利于将注意力集中在实战过程中。由于不可能每天都有正规比赛,而关键的比赛就更少了,所以教练在训练时可以采用模拟训练,让教练有意识地组织训练比赛,从而让球员更多地体会比赛时的紧张情绪。

例如,把球队分成两队进行比赛,本次比赛决定两队的出线权,而比赛只有三分钟,两队的全队累计犯规已达 5 次,比分为 54∶55。在这样的情境下,什么事情都有可能发生在每一位球员身上,而罚球得分的机会也相应增多,这时就考验每一位球员的心理承受能力了。类似这样的情境训练,有计划地为球员设置针对性的比赛条件,使他们在比赛中既有一定的紧张度,又能自我控制其程度。这有助于增强球员的个人心理素质和对压力的承受能力。

第四节　防守的心理训练

一、篮球防守的心理训练方法

(一) 结合体能的心理训练

现代篮球运动具有更加快速的攻守转换和更加激烈的对抗特点,这对运动员的体能提出了越来越高的要求,因此,体能训练在世界范围内都受到了高度重视。通过系统地增加负荷或难度提高运动员的身体能力是体能训练的主要方式之一，培养意志品质的方法特点和这个特点相似。通过增加困难、认识困难、勇于面对困难、克服困难、战胜困难一系列的过程来培养运动员的意志品质，是最有效的手段和方法。

在日常训练中，有目的地提高练习难度，包括人为设置的障碍、环境条件、消极情绪、疲劳状态等，要求在有限制的条件下运动员经过努力克服困难，并且能够顺利地完成任务。感受到战胜困难的喜悦是运动员最大的收获，这时的运动员就会情绪饱满、增加信心，个人的心理素质也得到了一定的锻炼。

（二）结合技术的心理训练

篮球防守是技术性要求很高的运动项目，技术训练是任何时候都不可缺少的训练内容。技术的心理训练关键在于对技术和心理训练的深刻理解。理解技术本身对心理素质有何要求，理解心理素质如何对技术发挥作用。

篮球对技术性的要求很高，只有通过长期、不间断的训练才能获得高度发展的专项知觉，保证技术稳定提高的有效方法就是进行目标设置训练。技术训练的过程是一个将长期目标分解的过程，通过将长期目标分解为可实现的、短期的、具体的目标，而后经过一系列的努力实现这个终极目标。不仅如此，技术训练过程也是提高运动员个人表象能力和思维能力的过程。在运动心理学中较为成熟的心理训练方法是关于目标设置训练及表象训练等具体方法，但是对方法本身的模仿和套用不是应用的关键所在，在对专项技术发展规律充分把握的基础上做出创新性的应用才是最主要的。更重要的是要充分发挥运动员的主观能动性，让运动员自己学会心理训练的方法，这样在运动员的日常训练中就更方便将心理训练运用到技术训练中来。

（三）结合战术的心理训练

在篮球防守战术训练中进行心理训练，旨在让队员掌握篮球防守战术的同时，通过心理训练，使身体运动与大脑思维有机结合，以达到强化战术思维、提高战术水平之目的。在训练过程中，一是要强调集体思维的训练，集体思维训练结合全队和局部战术配合训练进行，主要培养运动员对全队战术目标的理解和队员间同步思维的能力；二是要强调战术行动的共同原则，多进行战例的集体分析和讨论，设立集体行动目标，增强队员间的相互了解是集体思维训练的重要组成部分，也是增强集体凝聚力的有效手段。

（四）针对性心理训练

针对性的心理训练主要包括以下几方面：

1. 渐进性放松法

放松性训练，是用特定的方式（表象、音乐、暗示语等）调节呼吸，集中精神，充分放松肌肉，从而达到调节中枢神经系统的目的，进而缓解紧张的情绪，这是一种通过大脑对全身控制的训练方法。

放松性训练的主要特点是能迅速使肌肉完全放松。动作过程是先拉紧每组肌肉5～7秒，再放松20～30秒，要体验紧张与放松间的对立感觉：（1）坐或躺，感觉自己很舒服，在深吸一口气并呼出的同时，慢慢闭上眼睛然后开始放松；（2）注意力集中在双脚上面，拉紧脚上肌肉，弯曲脚趾，并起双脚，注意此肌肉的张力感，然后放松，并体会松与紧的差别；（3）紧收双腿与臀部所有肌肉，然后完全放松，缓慢而深沉地做一次呼吸，使自己感觉到已经进入非常松弛的状态；（4）紧缩腹部与胸腔，停住片刻，然后放松；（5）紧握双拳，拉紧肱二头肌与前臂，将双臂从卧姿或坐姿的平面上略微提高，略停片刻，然后放松；（6）扣紧全身肌肉，停住片刻体会其紧张感，然后放松，待完全放松后，呼吸平稳，休息1～2分钟。

2. 呼吸放松法

（1）深呼吸法：缓慢持续吸气，停1～2秒再缓慢呼出；（2）腹式呼吸法：吸气时鼓胀腹部，默数10秒再吐气；（3）内视呼吸法：运用慢而长的呼吸（腹式）加想象成分，想象一个小红气泡，经气管—肺—腹—大腿，每次做5～10分钟。

3. 认知调节式训练

这种训练包含两种含义，分别是暗示训练和合理情绪训练。认知调节训练，目的是要提高运动员对不同变化的评价及认识问题、解决问题和处理问题的能力。这个训练一旦成功，运动员的心理素质将会得到极大的提高。

4. 系统脱敏训练

这是一种心理治疗方法，一般是在运动员的心理出现了一定的问题后才会使用的方法，它适用于特殊领域的焦虑和恐惧症。在篮球运动中，还可以用于调节赛前紧张多虑等情绪问题。

二、心理训练在篮球防守中的运用

（一）赛前、赛中的防守心理训练

1. 赛前的防守心理训练

一般情况下，如果身体、技术和战术准备充分，知己知彼，认识统一，运动员在赛前的体力、技术和战术等方面不会有太大的变化，可能变化的是以情绪变化为主的不同心理状态。而造成赛前不同心理状态的原因主要有对竞赛重要性的认识问题和对成功的渴望与失败的恐惧。它主要包括：

（1）最佳竞技状态。这是理想的赛前积极应战的心理状态，主要表现为对竞赛跃跃欲试、斗志昂扬、注意力集中和有适度的兴奋性等。

（2）赛前的焦虑状态。具体表现为在赛前一段时间生理反应失调，吃不下饭，睡不着觉，身出虚汗，四肢发凉等。

（3）赛前抑郁状态。这是一种"比赛淡漠心理状态"，表现为对竞赛态度消极、没有欲望、打不起精神、对自己的运动能力产生怀疑等。

（4）虚假自信状态。这种状态表现为口硬心虚，虚假自信心，实质是认识上的片面性和心理上的一种恐惧症的反应。

对此，教练员要善于引导教育，端正比赛态度，正确摆正位置，有针对性地进行心理调节。经常对球员做思想教育工作，不论是什么样的比赛都要树立正确的思想作风，要有足够的信心、充分的思想准备和良好的竞技状态，要使球员明确比赛的任务和目的，激发他们积极参加比赛的强烈愿望，能够最大限度地动员自己，自觉克服困难，不断提高训练和比赛的能力，使运动员能够正确对待每一次比赛。赛前要广泛收集对手的情况、竞赛的地点、时间、场地器材等情况，对对手进行正确的估量，知己知彼，做好赛前的心理准备。

2.赛中的防守心理训练

在篮球比赛中，必须要求运动员有不断完善运动技术的愿望，对比赛中发生的情况能找出有效的解决办法。篮球比赛的活动处于不断变化的动态中，要敏锐地观察判断情况，果断做出决定与对手抗衡，这时理性和情感占首要地位，也决定了专项心理训练的内容。

赛场情况千变万化，球员的心理状态也随比赛性质、任务和战局的变化而不断地变化。一个职业化篮球俱乐部球队的整体训练水平固然是比赛中取得优势的基础，但其良好的心理训练状态，则是临场技战术水平正常发挥的重要保障。在篮球比赛中，强弱的转化往往是由某些心理因素干扰作为突破口的，强队败给弱队常是由于心理上的准备不足。因此，教练员要善于在赛前与赛中做好思想上、心理上的调整工作，克服各种非正常情绪，对与比赛有关的情况要充分估计，仔细观察，认真考虑，冷静对待。既要鼓励运动员轻装上阵，放下心理包袱迎接比赛，又要估计比赛中可能遇到的情况，及时采取措施，增强运动员的信心，全力以赴投入到比赛中去。

在比赛中,球员经常会受种种环境条件的影响而导致心理活动发生异常变化。例如，比分处于落后或比分接近的情况下执行罚球、临场比赛气氛的变化、对手的情况和观众的情绪等，都可能会给球员的心理活动带来一定的影响，这就需要球员掌握心理适应调节的方法。例如，让临场紧张的球员或年轻的新队员先看一段比赛，教练员从旁启示，分析场上情况，同时交代上场后的任务，做好心理适应准备再让他们上场比赛，若不能正常发挥，再替换下来，继续观察比赛，使之更加明白自己应该怎样进行比赛，然后再上场参加比赛。即使比赛经验丰富的队员，有时也会因观众情绪或临场气氛的变化而产生异常心理。常采用的措施是替换下来，让他观察比赛，冷静头脑，待心理适应后再继续上场参赛。

球员如果临场感到紧张、怯弱或者想到对手强大而感到害怕时，应该让球员把自己的注意力指向以前某次成功的比赛，想一想自己在获得成功时技战术发挥得得心应手的情况。对于性格急躁、求胜心切的球员，适当要求他们在比赛中时刻暗示自己要大胆、果断、不畏强手、敢打敢拼，教练也应多予鼓励，切不可在场外乱喊大叫。

（二）心理训练在篮球防守中运用需注意的问题

1. 在理论认识上重视防守心理训练的作用

篮球防守心理训练的理论误区表现为对心理训练的狭隘理解，有些甚至是错误的理解。尽管大多数教练员和运动员自己也承认：心理因素对竞赛结果起着重要作用，但他们对心理训练的认识仍处在感性阶段。一些教练员和运动员认为心理因素是一种与生俱来的能力，我们不能改变它们，通过一段时间会自然而然地提高。殊不知正是这种忽视，容易导致运动员在高水平的激烈竞赛中表现出心理障碍、心理失常等，这些都是未进行或未重视心理训练留下的隐患。还有一些教练员认为自己的队员没有心理问题，因此就不需要进行心理训练。而一旦队员表现不好，就武断地归因于运动员的"心理素质差"。时间一长，本来没有心理问题的运动员也因此产生心理障碍。因此，我们应该在理论上重视防守的心理训练，以心理促生理（体、技、战），更有效地发挥训练效果。

2. 在实际训练工作中加强防守的心理训练

也有一些教练员采用过一些方法，对运动员进行防守心理训练，并取得了一些效果。但多数教练员还只是根据自己的经验组织心理训练，表现为缺乏系统性。还有些教练员在心理训练方面做了一点努力就想获得好的效果，或尝试了几次心理训练课就放弃了，因为没有收到立竿见影的效果，他们就开始怀疑心理训练的作用。殊不知，心理能力的形成也有其自身的规律，良好的心理技能绝不是一蹴而就的事，需要长期的、系统的心理训练才能形成。实际上另一个理论误区是，把心理训练独立于身体和技、战术训练之外。由于缺乏足够的理论指导，有些教练员机械地安排单独的时间对运动员进行防守心理训练，虽然体现了对防守心理训练的重视，但是训练的效果不佳。事实上，心理训练与体能及技、战术训练是相互依存、相互促进的，心理训练必须结合体能训练、技术训练和战术训练进行，不能将它们割裂开来，应全面发展运动员的技术水平。

第八章 篮球运动创新教学与训练研究

随着体育教育的发展及篮球运动的发展,篮球教学也在发生变化,因此创新篮球教学的方法尤为重要。

第一节 慕课在篮球教学与训练中的应用

一、慕课的概念与特点

(一)慕课的概念

慕课(MOOC)是大规模在线开放课程教育平台(Massive Open Online Courses)的简称,是近年来开放教育领域出现的一种新课程模式,也就是我们平时所说的网课、网上学习等。慕课是一种由优秀教师录制教学视频,以供人们(不局限于学生)随时随地学习,并进行线上交流,并以作业和考试的形式进行自身评估的一种学习与教学过程。慕课的专业术语最早出现在2008年,由加拿大人提出,并迅速风靡国外名校。

我国的慕课起步较晚,在2013年后才得到引进和发展,但迅速以燎原之势获得了国内大学的支持与加入。虽然起步比较晚,但慕课在短期内就已让我们认识到了它的优势。很多学科纷纷建立起自己的慕课课程,但目前关于体育方面的慕课课程却非常少,关于体育的课程则是少之又少。

(二)慕课的特点

慕课最大的优点就是几乎不限制学习时间和学生数量,且可以重复观看学习,这些都是传统课堂无法比拟的优势。除此之外,慕课最大的特点是由著名的教授或教师录制,并通过网络对所有年龄段的学习者开放,没有门槛,不限学历,且价格低廉,甚至有许多课程是完全免费的。课程结构一目了然,每个视频都对其单独的知识点进行了详细、系统的阐述。课程也不仅仅是依赖于书本,很多内容是教师平时的积累及提前整理好的资料。再加之教师风格独特的讲解，以及课后设置的作业、线上学员的讨论等，更加方便高效地复习所学知识。

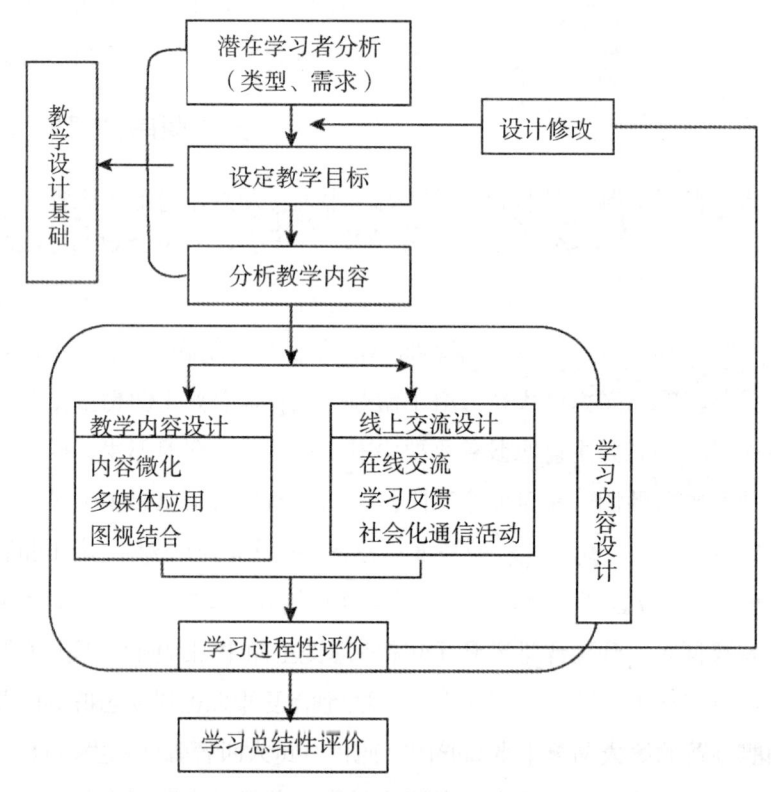

二、慕课设计的基本步骤

慕课设计的基本步骤如图6-1所示。

```
                    潜在学习者分析
                    （类型、需求）
                          ↓
    教学          ←    设定教学目标    ←    设计修改
    设计
    基础                  ↓
                    分析教学内容
                    ↓         ↓
            教学内容设计   线上交流设计        学
            内容微化      在线交流           习
            多媒体应用    学习反馈           内
            图视结合      社会化通信活动      容
                    ↓         ↓            设
                    学习过程性评价  ←──────  计
                          ↓
                    学习总结性评价
```

图6-1 慕课设计的基本步骤图

由此可见，慕课的教学设计大致可以分为两点，即教学设计基础和学习内容设计，在完成这两点之后再进行学习总结性评价。

第一，几乎所有的课程设计都是万变不离其宗。在进行慕课设计时，要先对潜在学习者进行分析，弄懂学生的需求是什么，学生学习的目的是什么，是喜欢体育的规则还是喜欢体育比赛，是想自身锻炼还是想简单了解。明白这些才能更好地明确课程的目的及性质，才能更好地吸引学生及提高课程的总体质量。

第二，明确教学的目的和性质之后，就要以此作为根据来确定教学内容。内容和目的一定要一致，不然就成了"挂羊头卖狗肉"的低效慕课，并不会为学生所喜爱。根据学生想要学习的内容来制作慕课才会收到良好的效果。

第三，在明确内容之后，着手进行教学设计。与传统课程不同，慕课的教学设计不仅仅包括教学内容设计，还包括线上交流设计，这是慕课与传统课程进行教学设计时的最大差异之一。

第四，与传统教学设计不同，慕课在进行设计时一定要把内容足够细化，因为一节慕课只对应一个知识点的特性，所以在教学时切不可太天马行空，导致无法讲完一个知识点。在面对复杂的知识点时可以依据其特性另外设计课程进行讲解。此外，慕课在讲解过程中与新媒体的结合也很重要，所以一定要收集足够的素材制作课件，用图视结合的方式使知识点更简单易懂。

第五，慕课毕竟是录制课程，在与学生的互动方面一定要仔细斟酌哪种交流方式更合适，以及怎样进行线上交流才会使学生更好地融入课堂。这种交流本意上是为了活跃课堂，使学生有更好的代入感，也是为了学生之间能够利用所学知识彼此进行交流或学习反馈，让教师更好地了解学生的学习动态，以便对课程进行调整或改进。

第六，根据学生的反馈和意见自己进行教学评价，同时对整个课程进行反思，比如尚未考虑到的内容、说法不佳的知识点，或者有没有不恰当不准确的地方，这些都要及时修改，以保证整个慕课的质量。

第七，对整个慕课的内容进行整体分析，并做出真实的评价，取其精华、去其糟粕，以提高慕课的质量。

三、慕课在篮球运动教学中的实践应用

（一）技术教学应用

在有关体育教学的课程中，肯定会涉及很多复杂的技术动作要领。比如投篮，看似简单，实际上对手肘的发力、手臂的位置都有规范的要求，初学者盲目练习不仅可能没有效果，还有可能因连续高强度的体育运动而伤害自己的身体，这就得不偿失了。如果掌握了投篮的窍门，投篮就会成为一个很简单的技术动作。那么学生如何掌握窍门呢？这需要教师不停地指导，不停地做示范，这不仅会使教师的精力、体力消耗严重，对学生来讲，也是很大的心理负担。如果采用慕课的形式，教师就不必再逐个逐步指导，为课堂节省了大量的时间。学生也可以反复观看慕课，学习正确、规范的动作，可谓一举两得，从而提高课堂的效率。

（二）课程教学应用

体育课主要是为了提高学生的身体素质，增强学生的活力。体育课是一门必修课，这体现了教育对学生身体素质及身心健康的关注。

采用慕课教学能增强学生对体育运动的兴趣，同时也能更好地学习体育的基本知识。慕课种类多样，并不局限于一两种体育运动，这也尊重了学生之间的差异与喜好。不同运动所强调的精神也不同，学生以自我发展为中心，选择自己喜爱的运动和慕课，有形或无形中受到体育精神的熏陶，使自己健康成长，并终身热爱体育运动。

（三）全民健身应用

体育本就是为了提高学生的身体素质而开设的科目，所以体育并不简简单单是一门课程，它更蕴含了希望学生能够终身进行体育锻炼、热爱体育的心愿。而慕课因自身运动的多样化，能够最大限度地培养、调动学生对体育的兴趣。通过慕课来进行体育教学只不过是一种形式，开发者是为了能够培养大家热爱体育的良好习惯。

第二节　多媒体技术在篮球教学与训练中的应用

随着多媒体技术的日益成熟，现在各个科目都引进了这种新型的教学方式，连体育也不例外。但篮球运动在众多科目中有着其特殊性质（户外，且以锻炼为主要目的），因此，在引进多媒体教学的过程中我们必须分清主次关系，即以传统教学为主、多媒体教学为辅，以帮助学生更好地理解体育、热爱体育。但如何应用多媒体进行体育理论课和体育实践课的教学仍然存在着不确定性，这也是我们重点研究的内容。

一、多媒体技术在篮球理论课中的应用

（一）多媒体技术辅助

无论何时，教学都是由教师"传道"与学生"解惑"的双边关系所构成的。传统教学主要依赖的是教科书、板书，引入多媒体教学后，就大大节省了教师的精力、教学的时间，同时增强了教学效率和效果。在篮球体育理论的教学过程中，引入多媒体，既使一些晦涩的专业语言得到简单易懂的诠释（通过图像、音频、视频等），又以一种新型的模式润滑了师生之间的关系，不仅有利于教师运用更合适的方法进行教学，更有利于学生对体育知识的把控和理解，从而全面提高学生的基本素质，实现学生全面发展。随着时代的进步与科技的改革，绝大部分学校已经具备了多媒体教学的硬件设施，而将多媒体技术灵活、完美地融入传统的教学中去，就是体育教师当下要注意的问题了。

（二）多媒体技术辅助篮球体育理论课的优势

1. 系统指导学生学习

使用多媒体来讲解篮球体育理论课会使课程结构更清晰、更系统、更简洁，让学生对所要了解的问题一目了然。而且使用多媒体授课，表现形式多样，能极大地引起学生的学习兴趣。通过一系列的互动，能更好地调动学生的积极性，让每个学生都有参与感，让原本枯燥乏味的理论课充满乐趣。

2. 学生可用其进行自我学习及自我评价

多媒体最大的优点之一就是可以重复使用，不像板书和笔记受到时间、空间的限制（这两种形式可能会漏掉一些知识）。学生可以拷贝教师的教学课件，实现课前预习、课后复习，并对相关的练习有所适应和熟悉，提前或在课程学习结束后对自己的水平有系统的评估。

3. 提高学生的学习兴趣和学习效率

使用多媒体教学，对学生而言，这是新鲜的。传统的篮球理论课不仅枯燥，而且因课程性质的特殊性，以及文字内容所描述的局限性，难以向学生讲解真正的篮球运动。但借助多媒体，这一困难自然迎刃而解。多媒体的图像、声音、视频等以可视的方式让学生接触篮球知识，这会给学生的听觉和视觉带来强烈的冲击与刺激，从而吸引学生，充分调动学生的学习兴趣与学习热情。同时，也为课堂增添了乐趣，活跃了氛围，让学生在轻松的状态下完成对篮球理论知识的学习。

4. 有利于更新教学观念，提高教师自身素质

以多媒体教学辅助传统教学，能充分调动学生的学习兴趣，激发学生的求知欲，培养学生的探索能力，有利于学生综合素质的提升，使学生德智体美劳全面发展，有利于培养复合型、创造性人才。同时，新媒体教学使得学生更方便理解知识、运用知识，丰富多彩、形式多样的教学内容也使学生在学习文化课之余更好地放松，实现体育课真正的意义与价值，这是传统体育理论课无法带来的效果。此外，体育教师在制作课件时会更系统地梳理自身的知识储备，从而进行更新或增减，更好地提升自己的专业素养。使用现代设备，与学生在理论课上以不同的方式互动，能更好地提升体育教师的综合素质，这是一个双赢的局面。

由此可见，多媒体技术辅助体育理论课教学带来的益处数不胜数，无论是对学生来说，还是对教师而言，都是一次阶梯式的飞跃，这完全值得我们尝试。在教学中，学生与教师一同成长，这是传统理论教学可望而不可即的。

以多媒体教学为体育理论教学的辅助补充，这也是教学上一个里程碑式的转折点，

标志着传统枯燥乏味的理论课终将被更有趣、更能激发学生学习兴趣与求知欲的多媒体教学辅助理论教学所替代。这极大地提高了学生的学习效率，缩短了学习时间。

二、多媒体技术在篮球实践课中的应用

多媒体教学除了能辅助传统的体育理论课程，也能够应用到体育实践课程中。体育实践课占据了体育课的绝大部分时间，这也是由体育课的特殊性质所决定的。体育课的活动场所大多为室外，而如何在这种情况下运用多媒体来进行教学，是我们研究的重中之重。

（一）运用灵活，重点在激发学生的学习兴趣

在体育实践课中，大多数学生对篮球这门体育运动不是特别了解，譬如一些规则，以及与队友的战术配合或是更复杂的比赛。如果教师逐个指导，一节体育课的时间并不算长，时间容易被白白浪费掉。而使用多媒体教学，会使学生的注意力得到提升，提高学生的学习兴趣与学习热情，从而使教师的一对一变成了一对多。譬如使用篮球竞赛类的软件或游戏来帮助学生更方便、更具体地感受篮球这项运动。

（二）化难为易、化动为静，有利于攻克教学的重点与难点

篮球本身就是一门比较复杂的课程，有许多动作要领、技术，并不是一蹴而就的，需要学生拥有敏锐的观察力和持之以恒不断练习的恒心与毅力，才能有所收获。传统体育练习课上的示范往往难以让学生在短时间内观察到动作要领，而且动作往往是一瞬间的事情，可能很多学生都没反应过来，示范就结束了，教师也不能一而再、再而三地整整一节课都用来示范动作，学生只能照葫芦画瓢，却难以领会真正的标准动作。教师也难免由于各种原因导致示范存在瑕疵，比如教师自身条件、教师实际年龄、当天天气等因素的制约。所以这个时候可以把难度偏大的动作或技术利用提前收集的素材制作成课件，通过慢放、重复播放等手段方便学生进行观察学习。这样既提高了学习效率，又缩短了学习时间。

（三）通过动作对比，纠正错误动作

教师可以在收集课件素材的时候多搜集一些优秀篮球运动员的教科书式的精彩片段及失误集锦，这样在课堂上播放时，能使学生对正确和错误的动作一目了然。教师在和学生一同观看这些片段的时候积极发问，促使学生对此进行热烈的讨论，使学生

知道哪些动作是对的、哪些动作是错的。倘若一些学生恰好是这些运动员的球迷，那么效果会事半功倍。观看视频也会使学生产生代入感，有助于学生增强自信，而体育运动正需要自信。此外，还可以让学生多多练习，多谈论正确的发力技巧，以多种方式让学生对篮球这项运动更感兴趣。

第三节　分层次教学在篮球教学与训练中的应用

一、分层次教学视角下篮球教学模式分析

（一）篮球普修课实行分层次教学的理论与实践

1. 篮球普修课教学的理论

（1）学习动机理论

学习动机就是学习的动力，体现的是学生积极自觉、主观能动的心理状态。在篮球教学中，学习动机是指学生参加篮球学习的动力，这种动力是影响学生学习和技能提高的一个重要因素。学生在正确学习动机的驱使下，在篮球学习中会更加专注和坚持，对学习保持持续的兴趣和战斗力，会显著提升学习效果。而缺乏一定的学习动机，学生就会在学习活动中敷衍懈怠，甚至会排斥和放弃学习活动。

学习动机是学生学习活动的一个重要启动机制，是影响教学工作的重要因素。通常，学生学习动机主要由学习需要和学习期待构成。

学习需要是指学生追求学习成就的一种心理倾向，也是在问题情境当中产生的一种活动的激起状态。学习需要能够激起学习活动及学习驱动力。

学习期待是指学生实现学习理想，达成学习目标的一种意念，它制约并诱发学生的学习活动。

在学习活动中，学习需要与学习期待二者互相联系、制约和影响，共同构建出一种学习动机，前者为主导部分，后者为形成学习动机的必要条件。在篮球教学中，教师必须要重视激发学生的学习动机，有效提高学生的学习积极性。只有这样，学生才能在正确的学习动机的驱动下主动参与学习，积极应对学习过程中的一切情况，最终有所习得。通常，教师会采取以下方法激发学生的学习动机：

①明确学习目标

明确学习目标是激发学生学习动机的一个重要方法，旨在让学生了解学习目标及

学习活动的价值之后产生学习需要，从而参与到教学中去，完成学习任务。没有目标的学习，其学习效率不可能高。因此，教师必须首先要明确学习目标，使学生能够在目标的指引下行进。需要注意的是要根据学生的知识和能力水平具体明确学习目标，不能过大也不能过小，不然会产生反作用。此外，在目标制定中，要注意将大目标与小目标有机结合在一起。

②适当的表扬和及时评价

鼓励是学习的强化剂，对学生进行适当的表扬和及时的评价有利于激发学生学习的自尊心、自信心和上进心，使学生怀着饱满的热情投入学习活动中去。

A. 适当的表扬

对学生来说，获得来自教师的表扬是非常愉悦和有成就感的事情，这远比严厉的指责和批评更有教育效果。教师的表扬激发学生的动机，让学生重燃或持续保持对学习的愿望。尤其对差生来说，适当的表扬会使他们树立起自信心和上进心，对学习重燃希望和斗志，主动投身于学习活动中并努力"改造"自己。当然，在这一过程中教师必须牢记表扬要适当，切勿让学生有骄傲、自负的倾向，在表扬的同时，还要向学生指出不足和今后努力的方向。

B. 及时的评价

及时的评价对学生的学习来说是非常重要的，这有利于学生认识自己的学习行为和活动，基于此进一步明确自己的学习愿望，明确自己的学习目标。需要注意的是，这种评价必须是及时的，因为不及时的评价会随着学习印象的逐渐淡化而被学生遗忘，收效甚微。

③期望

期望，即教师对学生的期望，学生的自我期望。期望会影响学生的学习积极性和学习动机，对学习活动产生显著作用。

A. 教师对学生的期望

教师对学生的期望会体现在教师所组织的各种教学活动和环节中，会潜移默化地影响学生的学习和发展。教师的期望反映的是教师对学生的关心和关爱，这种关心和关爱对处于成长和发展期的学生来说犹如温泉，会让他们在温暖的教学环境中学习，从而有了学习的动力和兴趣，进一步提高学习效果。

B. 学生对自己的期望

每个学生对自己都会持有不同程度的期望，普遍来说，合理的期望值有利于激发学生的学习动机，产生合理的学习行为，而过高或过低的期望则会对学生的发展进步起到阻碍作用。对此，教师应在教学中协调学生的期望，引导期望过高的学生正确认识自我，重新审视自身期望，鼓励期望过低的学生相信自我，建立合理期望。

（2）学生主体理论

当前教育界普遍认识的一个问题，就是教育教学活动中忽视意识的能动性和主体的自主性。主体性教育思想认为，学生的学习是一个主体的认知活动和非认知活动的统一，是一种主动的摄入过程，而非被动的接受过程。可见，要想进一步提高学生的学习质量，尊重学生主体为一大关键，在教学活动中必须要构建学生的主体地位。

人才培养是教育的基本功能和目标，现代教育的一个核心理念为主体性发展。启发学生的主体意识，培养他们的主体能力，从而让学生实现从"自在"主体转变为"自为"主体的目标，最终培养出具有自主创造性与能动性的新型人才，就是教育最重要的使命，而篮球教育同样肩负着这样的使命。

学生主体具有两种含义，具体如下：

第一，学生为认识以及学习活动的主体，教师需要引导学生在运用与学习知识的过程中，主动地、能动地完成篮球的各种学习任务。

第二，学生为发展的主体，体育教师应当重视培养学生自主发展以及自立创造的能力，并引导他们做发展的真正主人。

在篮球运动教学过程中，教师必须重视学生的主体作用，不仅重视学生主体参与的必要性，还要采用相应的合理措施来发挥学生的主体作用。

①教师要树立"以学生为主体"的观念

教师要根据学生的身心发展特点，努力促成其人格与能力发展，要充分调动学生的主观能动性。在教学中学生是学习的主体，要树立并贯彻"以学生为主体"的教学观念。

②激发学生的学习动机

学生本身具有自主性、能动性和创造性，教师在篮球教学中若想明确学生的主体地位，就必须明确学生的学习动机与需要，以使学生自主积极学习。需要注意的是，在强调学生主体能力培养、主体作用发挥的同时，教师的指导作用不容忽视。教师应当继续学习，不断提高自身素质，在完成既定教学任务的基础上，整体协调篮球教学工作的部署与展开，做合格的"导演"。

（3）信息反馈调节理论

反馈调节，是指师生从教学中获得反馈信息，及时了解教学的实际情况，并基于此对教与学的活动进行改进和调节，以进一步提高教学效率。在教学过程中，教师和学生之间应当积极进行信息交流，充分了解和把握自身实际情况和发展需求，合理调控和改进自身教学状况，切实提高教学质量。

由于实施分层次教学模式，不同班级会有不同的进度与教学内容，此时一定会存在教学内容难或易、进度快或慢的问题，那么教师就需要以学生的掌握程度和他们对教学的反应为依据，及时调整教学内容与进度，从而适应学生的学习。

在篮球普修课教学过程中，进行反馈调节的具体程序如下：

第一步，及时获取学生的反馈信息。

第二步，及时评价获取来的反馈信息，并对篮球普修课教学活动做出恰当的调节。

篮球普修课在实施分层次教学时，应有效利用反馈调节理论。教师在客观、全面地了解学生，并将他们看作是学习活动主体的基础上，建立民主、友好、平等的师生关系。在有了这种关系之后，教师与学生之间的交流与沟通就会变得更加容易，而且教师能够及时收到更多的反馈信息。此后，教师需要对这些信息及时做出评价。

2.篮球普修课教学的实践

教师在篮球普修课教学实践过程中，始终贯彻主体参与的原则，并承认在整个过程中，学生才是学习与发展的主体。教师在教学实践中，为学生提供发挥自身主体性的机会，并鼓励学生积极参与教学活动，这会激发学生的学习动机，并使学生多个方面的能力都得到发展。

第一，要鼓励学生课前提出疑问，鼓励学生在实践练习过程中进行独立思考，并寻找问题的答案，从而使他们独立思考问题的能力得到锻炼。

第二，以讨论、讲解的方式鼓励每一位学生发表自己的意见，并让全体学生都参与到篮球普修课教学活动中，进而形成一个良好的教学氛围。

第三，要让学生对教学过程中的重要环节进行自学探究练习，以此培养他们探索问题的创造精神。

在一系列的主体参与教学过程当中，让学生逐渐了解自己的主体地位，同时让学生养成主动参与学习过程的习惯，这样能够有效地培养和激发学生的学习动机。

（二）篮球分层次契约教学的理论与实践分析

1.篮球分层次契约教学的理论

契约教学是在传统教学方式的基础上诞生的一种新型教学方法，它是传统教学的一次革新，与新时期教学的目标与方针相符。这种教学模式主要是以学习契约的形式完成学习任务，是在尊重学生意愿的前提下，教师与学生之间相互协商、共同完成学习任务的一种教学方法。

教师与学生共同协商签订契约书，并在契约当中载明学习的目标、时间、内容、方法以及策略与评估方式等。之后，以学生个体之间真实存在的差距为依据所制订的有针对性的组织教学方案，即为契约教学。契约是在师生双方自愿的情况下，为了实现共同的教学目标而制订的书面教学协议。

由契约教学的概念可知，篮球契约教学指的是通过契约的方式，以师生之间的相互协商，共同完成体育教学的任务，并且让学生能够在学习中获取更多的快乐，从而真正地实现学习与快乐学习。

契约教学的特性包括目标的差异、过程的协商以及内容的个别化。

契约教学的主要构成要素包括以下几项：

第一，学习目标。

第二，学习资源。

第三，学习策略。

第四，完成学习目标的证据。

第五，评估证据的标准以及工具。

第六，完成学习目标的时间表。

篮球契约教学主要是在尊重学生情感以及充分彰显人本主义的前提下，所构成的一种新型的教学体系。以人为本主要强调的是在尊重学生氛围中，给他们一个民主、平等、自由的学习环境。教师尊重学生，与此同时双方也会达成一个共同进步的教学内容、方法与时间表。

在篮球契约教学过程中，教师与学生会一同实施与完成各项教学内容，并以自主性的学习代替传统的被动接受，以此为基础，来培养学生自主、独立学习的能力。这是在人本教学的基础之上，实现契约教学的一个巨大的进步与改革。因此，采取契约教学模式，能够做到充分考虑个体并适应不同层次的学生。这种教学模式是以培养学生独立自主以及建立激励机制作为主要出发点，来对学生进行有针对性的教学。

篮球契约教学的主要优势包括教学方案比较全面、灵活，其中，除了会融入外在教学机构的要求，还会有效地与学生自身的目标相结合，有选择地将预计的目标完成。这样的话，在教学过程当中，师生就会有更近距离的接触，教师也会对学生有更深入、全面的了解，同时还能更好地促进学生主观能动性的发挥，实现师生之间的良性互动，最终实现提高教学水平的目标。

2. 篮球分层次契约教学的实践

体育教师通过实施篮球分层次契约教学模式，会有很多不同的收获，具体包括以下几种：

第一，分层次契约教学对增强学生学习的积极性很有帮助，还能够使学生学习的自信心增强。由于这种教学模式将以人为本作为基本的教学理念，因此它会尊重每一位学生的主体地位与个性。

第二，分层次契约教学会与学生的实际情况相结合来制订有针对性的教学方案，所以能够在短时间内实现所制订的教学目标。由于这种教学模式能够让每一位学生的知识与技能在短时间内得到一定程度的提升，因此学生在收获成功的同时，还能享受到篮球带给自己的快乐。这样的话，学生的愉悦感会增加，而自卑感会减少，学习篮球的欲望也会不断地增强。

第三，分层次契约教学的根本目标就是让全体学生得到全面发展，其立足点也是全班学生，最终目标则是让学生在学习中获得更大的进步。另外，由于每一位学生接受知识的能力与基本素质并不相同，因此在分层次教学实践中，需要以学生自身的差异性为依据，制订与之相适应的教学方案与目标，争取让每一位学生都能够在篮球学习中获得满足感，进而实现全体学生的共同进步。

第四，实施分层次契约教学，有助于培养学生的学习能力，它体现了学生能够运用科学的方法去独立获取、加工信息，并且运用所学知识解决问题的个性特征。由于学生能够经常在这种教学模式下享受到收获的喜悦，因此他们会在整个学习过程中，持续不断地发挥主观能动性进行练习与思考，这对他们掌握动作是很有帮助的。另外，教师在整个学习过程中，需要扮演好引导者的角色，从而帮助学生真正地实现进步。

（三）篮球分层递进教学模式的理论与实践分析

1. 篮球分层递进教学模式的理论

篮球分层递进教学模式的理论依据主要包括以下几种：

（1）个别差异和因材施教理论

每个人的成长环境不同，家庭教育不同，身体素质也不同，不可能要求所有的学生都能够完成篮球中比较复杂的技术动作及动作要领。如对一个身体条件有限的学生要求难度太高的技术动作，在他难以完成任务的同时，反而会打击他的信心和对篮球运动的热情，他若从此厌恶篮球就得不偿失了。所以，应根据学生的具体情况，制订不同的培养方案。如果学生的天赋好，身体条件过硬，又对篮球很感兴趣，就可以教他一些复杂的技术动作或动作要领，甚至可以讲一些课程目标之外的知识。而对一般学生，则要循序渐进，由简入难。对待身体条件有限的学生，要从最基础的东西教，让他在保持篮球兴趣的同时，不断增强他的信心。这样因材施教也有利于激发学生的学习兴趣，让学生得到更好、更全面的发展。

（2）维果茨基关于"最近发展区"的理论

根据心理学家维果茨基的理论，要在学生之前的基础能力之上完成现在的教学目标，不能因学生的基础有限就失去耐心，更不能搪塞学生和自己蒙混过关。教学就是让所有学生都在现有基础之上能得到更大的提升，实现更全面的发展。根据学生的基础，分层递进，制订不同的任务，让每个学生都能保持对篮球的兴趣与爱好，这才是最重要的。

（3）建构主义理论

归根结底，教学都是以学生的发展为主。分层次教学模式只是达成目的的一种更好的方式。通过这种方式，体育教师与学生之间建立了良好的师生关系，小组教学更是拉近了师生之间的距离，同时也最大化地提高了学生对篮球的兴趣，培养了学生的信心。学生会牢记在课堂上学习的知识内容，并建构自己的知识体系。

（4）教学过程最优化理论

教学过程最优化理论其实就是关于更好地提高课堂效率，让学生实现全面发展的理论。利用分层次教学模式，根据学生学习能力以及自身条件将学生进行分组，因材施教，让能力比较差的学生得到教师的关注与指导，让能力比较好的学生实现更大的飞跃，让能力普通的学生循序渐进地提高能力。分层次教学后再通过集体授课对教学内容进行归纳和总结，激发学生的学习积极性，如此，学生得到了更好更全面的发展，教师的教学能力也得到了提升，教学目标也能够更好地达成，这也是教学过程最优化理论的根本目的。

2.篮球分层递进教学模式的实践

分层递进教学模式经过实践检验，证明是一个成功的教学模式。它能够更好地激发不同程度的学生对篮球学习的积极性，也使不同程度的学生都参与到学习中来，防止出现浑水摸鱼的现象。尊重差异、因材施教使得每个学生都得到了最全面的发展，而统一授课又使学生进行更好的归纳总结，也让学生意识到人与人之间存在的差异性（但这并不是值得羞愧的事情）。

（四）篮球"分层—自主教学"模式的理论与实践

1.篮球"分层—自主教学"模式的理论

（1）分层—自主教学法建立的基本理论解析

其目的是调动学生的主观能动性，让学生主动参与到学习中去，而不是像过去那样由教师说学生才去做的被动学习。在学生主动学习的过程中，学生会学会自己解决问题，这对学生的益处是难以言说的。

①分层—自主教学法依托的理论是以人为本的教育观

在篮球教学中，教师只是负责教学，并不能保证让每个学生都能够真正地参与到学习中去，教师的教学课程只是提供了一个良好的大环境。而在环境中是否学习、怎样学习，都是学生自己决定的事情。但教学活动的确能够激发学生的学习兴趣，所以，虽然学习是学生自己的事情，但实际所关联、所影响的因素有很多。

②因材施教的教育理论

无论何时何地，因材施教的教学原则都具有重要的意义。因为它在考虑不同学生的差异性的同时，更尊重每一位学生。当它融入自主教学中产生新的教学模式——以人为本、以学生为主的教学模式，让教育更进一步，让每一位学生都能学有所成，发挥其所长，也形成了学生与教师之间的新型师生关系。

③自我发展的心理学理论

所谓自我发展，就是指自己积极主动地寻求自身的发展。这就包括自己认识到自身的不足，并想改善这些不足的心理过程。当然，发展并不是一蹴而就的事情，它是一个长期积累的过程，这个过程通常痛苦而缓慢，但只有经历这一过程才能慢慢实现由量变到质变。从量变到质变，才能称作发展。

对篮球运动而言，首要依靠的是兴趣，只有对篮球产生兴趣，才有把篮球学好的可能。对初学篮球但对篮球有极大兴趣的学生来说，依靠的就是自我发展的意识。学生认识到自己的不足，然后通过不断的自主学习、自主练习，一点一点地思考问题出在哪里，并主动向教师提出自己的疑惑。通过这样一点一点积累的过程，最终熟练掌握篮球的动作要领和技术，实现自我发展。这对学生的态度和意志力都有较高的要求。

（2）分层—自主教学法的指导思想

篮球分层—自主教学法，主要依托的是学生自我发展的需求。这不仅对学生有着较高的要求，也对教师的素质提出了考验。虽然是自主教学，但这并不等于将学生完全地"放养"，教师还是要起到引导学生的作用，适时地刺激学生的学习动力。学生的自控能力还比较差，容易对很多事情产生兴趣，但也可能随着情绪的波动而突然对某事丧失兴趣。这种情况很有可能只是学生的一时冲动，所以教师也要适时地调节学生的情绪，当发现学生的异常行为时要及时关心学生。学生只要对篮球运动产生兴趣，通过自我发展的需求，就能既锻炼学生的身心，又能最大限度地使学生激发自己的潜能。

2. 篮球"分层—自主教学"模式的实践

体育教师对参加过这种教学模式的学生进行了问卷调查，以便根据反馈制订更科学有效的教学计划，使篮球"分层—自主教学"这种教学模式更科学、更实用、更高效。

调查结果显示，学生对这种新型的教学模式还是很欢迎的，学生既对篮球产生了学习兴趣，也更热爱篮球这项体育运动了，其效果相较传统教学模式大大提高了。这也是篮球"分层—自主教学"模式得到学生支持的具体体现。我们可以对这种教学模式进行更深入的分析与研究，以便将这种教学模式更好地应用到教学实践中去。

这种教学模式以人为本，以学生为主体，尊重不同学生之间的差异，更好地培养了学生的主观能动性。它不仅对当前学生实现自我发展具有良好的效应，也为学生步入社会打下了坚实的基础。

不仅如此，这种教学模式还可以让学生从过去的被动学习状态转变为现在的主动学习状态，让学生对学习有了同以往不一样的看法，培养了学生主动学习的能力，这是最难能可贵的。在其实施过程中，不仅提高了学生的身体素质，达到了体育课的目的，还全面提高了学生的整体素质与能力。

二、篮球分层次教学的评价方法

对分层次教学的评价，主要根据学生开始自主学习后是否掌握了应该掌握的知识内容以及学生是否较之过去对篮球更感兴趣等因素来判定。可以在教学中通过一系列的特色活动如即兴演讲、口试和知识抢答等形式检测学生对于篮球相关知识的掌握情况，而关于学生是否对篮球真正产生兴趣则需要长期的观察。根据这些要点可对篮球分层次教学进行满分为 100 分制的评价。

第九章　篮球教学与训练的重要保障

随着我国体育教学改革的深入与开展，我国篮球在教学与训练方法上均取得了较大进步。

第一节　加强运动员篮球意识

一、运动员篮球意识的概念与作用

（一）篮球意识的概念

所谓"篮球意识"，是指篮球运动员在从事篮球实践活动中经过大脑积极思维过程而产生的一种正确反映篮球运动规律性的特殊机能和能力。它是篮球运动员在长期篮球运动实践活动的认识过程中提炼积累起来的一种正确心理和生理机能的反射性行动的总称。简而言之，是篮球运动员对篮球运动比赛规律客观现实的主观反映。

篮球意识被认为是篮球运动员最宝贵的"精髓"，是比赛中指导正确行动的"活的灵魂"。

篮球意识的形成有一定的规律，需要经过较长时期科学的、系统的训练，并在无数次激烈的篮球比赛实践风雨的吹打磨炼下，不断地积累知识和经验而逐步形成。它随着运动员篮球技能的形成而产生，也随着篮球技术、战术的发展而提高，并形成自己的特点、规律和构架。可见，实践是"正确篮球意识"的源泉，"正确篮球意识"的形成是从感觉阶段的概念、判断到推理阶段的决断过程。反映到心理学上，就是从感觉到知觉的过程。运动员在比赛中行动的正确与否，绝大部分情况下取决于感觉、知觉和思维加工的正确与否，思维加工认识正确，形成的意识就强。回顾国内外许多优秀的篮球运动员，在比赛中所表现的那种超群才干，无不充分体现他们具有"正确篮球意识"。

（二）篮球意识的作用

球场上运动员一切正确的行动都是运动员在自身正确意识指导下的客观反映，起着以下具体作用：

1. 支配性作用

具有正确篮球意识的运动员，通常在训练和比赛中，就能以正确的潜在意识支配自己的合理行动，决断应变时机，自觉主动并创造性地根据已经变化或预测可能变化的情况，及时调整自己的思路与决策，从而更有针对性地、有效地发挥自己和全队的特长，表现出高度意识化的主观能动性作用和对篮球技术、战术与谋略运用的放大性作用，达到在激烈复杂的比赛对抗下始终把握全局的主动权。

2. 行动选择作用

运动员在比赛过程中，某一时刻所意识到的攻守对抗情况不是笼统的，而是依据比赛分层次、分轻重缓急和有选择的。一般情况下，运动员先意识到当时的攻守对抗态势，在纷杂的情况中重点意识到与自身行动意向最为密切的信息，进而做出准确的判断和选择，为选择攻守目标的个人战术行动做出正确的定向。

3. 行动预见作用

篮球意识不但是对比赛对抗现实情景的主动反应，而且可预见到攻守态势的下一步发展和某种可能。通过对攻守态势发展和可能的预测，来决定采取的个人战术行动，进而实现对技、战术行动的主动调节。

二、运动员篮球意识的特点及结构要素

（一）篮球意识的特点

1. 潜在性

人的有目的、有意识的行动，是通过大脑思维对客观事物的反应，通过感觉、表象、判断而决定的。篮球运动员在比赛场上的行动，实质上是对比赛中出现的各种复杂情况，通过本身具有的篮球意识的推理、判断而决定行动的。运动员篮球意识的形成，是随着他在长期篮球实践活动中积累知识和经验的过程而发展起来的，并以观念的形式存在于头脑中，平时看不见、摸不着，具有潜在性。而在篮球比赛中，运动员所具有的篮球意识就会由潜在变为显形，并自觉地对运动员的行动起指挥作用。

2. 能动性

篮球意识的能动性表现在篮球运动员在行动前主动地反映攻守情况，并在意识的

支配下积极地、创造性地调整自己的战术行为，既能使己方最大范围地限制对方的优势发挥，又能最大范围地充分发挥自身的技术优势、体能优势和其他方面的优势，并可使运动员在自己处于相对弱势的情况下，通过意识活动将自己的局部或个别环节上的优势放大，从而战胜在整体上比自己强大的对手。

3. 连续性

篮球比赛中的进攻和防守行动极少是单一性的，而常常表现为连续的、不间断的攻守行动。运动员在比赛中的各种行动，都是在篮球意识支配下进行的。因此，运动员在连续的行动过程中，必然会产生连续的意识活动，以支配不间断的行动。一次战术行动的结束，往往就是下一次战术行动的开始，运动员进行思维和决策，必然要在获得特定的战术行动决策信息的基础上，经过分析判断方能最后做出决定。信息是思维过程得以进行的基本资料。没有各种信息，思维难以进行。这就要求运动员"意在动前，意在动中"，不间断地思维决策。因此，篮球运动员的意识活动具有连续性的特点。

4. 瞬时性

篮球比赛中，运动员的各种攻防行动常发生在转瞬之间。这就要求运动员的意识活动必须敏捷，即从观察、判断、思维到决策等一系列意识活动必须瞬间完成；否则，将会贻误战机。特别是在激烈对抗的情况下，运动员往往是运用直觉思维的形式来进行意识活动的，直觉思维具有非逻辑性、突发性、下意识性等特征，这些都表现出篮球意识的瞬时性特点。

5. 择优性

在比赛中，当出现某一战术局面时，运动员通过篮球意识的作用，会从几种可行的具体的行动方案中选择一种"相对最好"的行动方法。确定原则为：进攻中取其威胁较大、方法较简单、成功可能性大的，防守中取其利大弊小、效果好的。篮球运动员在比赛中的所有行动决策，都表现出"利取其大，弊取其小"的择优性特点。

（二）篮球意识的结构要素

1. 知识体系

知识体系是篮球运动的专项基础理论知识和应用理论、发展前沿和趋势、基本的技术和战术方法原理、技术和战术运用的规律、篮球规则和裁判知识等，是篮球运动员进行意识活动的物质基础。

2. 实践经验

实践经验是运动员在长期篮球运动实践过程中积累的，对比赛中技术、战术运用和应变的规律的实战体验与经历，是篮球运动员对攻守信息进行思维判断的基础。

3. 心智活动能力

心智活动能力是篮球运动员进行意识活动的大脑的机能能力。包括以下四个方面：

（1）瞬时观察能力。观察是篮球运动员意识活动的前提。任何一种反应以及随之所采取的一切行动，都取决于观察所获得的信息。改善篮球运动员的观察能力，最重要的是对运动员视野范围进行训练。一开始就应注意对运动员进行观察习惯的训练，形成宽阔的观察能力，在一般观察能力的基础上，再进一步培养运动员视觉的选择能力，使之在全面观察的基础上，把视线集中在重点的位置、区域和人身上，把场上其他攻守队员的行动收入自己的视野范围内，从中进行选择与分辨，然后决定如何行动，这样才能在瞬时做出正确的行动。

（2）分析判断能力。良好的判断能力应表现为决策正确、及时，并有预见性。篮球比赛十分激烈，瞬息万变，即使运动员正确观察到了场上情况，如不能做出正确判断，也不能收到良好的效果。在培养篮球意识过程中，提高运动员对场上情况的分析判断能力极为重要。运动员首先要理解技、战术的特点及运用变化规律，并结合场上的具体情况进行预测和判断，以期准确地估计出双方行动的意图，提高分析判断能力。

（3）反应应变能力。具有良好的篮球意识的运动员必须对观察判断好的情况做出快速反应，这样才能及时、准确地抓住战机。从观察场上情况进行分析判断，到将分析判断的结果经过运动神经传导至肌肉产生相应的应变行动，这是一个复杂的神经活动过程，训练可以加速这一活动过程。

（4）战术思维能力。战术思维能力是指在实施战术方案时，充分调动和运用自己的各种心智能力去预见可能发生的情况和预测形势的发展，并迅速准确地考虑对手、自己及全场的情况，然后明确自己的战术意图、选择战术手段的一种能力。它是培养篮球意识的主要内容。

三、运动员篮球意识的培养途径

（一）在技术训练中渗透篮球意识培养

在技术训练中渗透篮球意识培养，是培养运动员篮球意识的基本途径。篮球意识是长期、有计划地在整个训练过程中不断渗透才形成的。一名篮球运动员从开始参加篮球运动训练到结束篮球运动生涯，教练员都在不间断地采取各种手段和方法潜移默化地对其进行篮球意识的培养与熏陶，这就是对运动员不知不觉地进行点点滴滴的意识加工、渗透与提炼，使其产生和形成一种正确的潜意识。运动员之所以能在球场上随心所欲地运用与应变技术、战术，正是其潜意识的作用，而最初的技术基础训练阶段是关键。在技术对抗性训练阶段，特别要重视在技术动作的个性训练中培养运动员的篮球对抗意识，着重解决运动员心智能力中的观察能力和分析判断能力的提高，并在能力培养过程中丰富运动员的基本知识体系，积累技术运用经验。

1. 培养观察能力

培养观察能力是形成篮球意识的前提。在篮球比赛中，运动员对任何一个技术动作的运用与应变，首先都取决于能否周密地在瞬间做出正确的观察。为此，在技术训练初期就必须重视观察习惯和观察能力的培养，加强视野训练，并且在训练一般观察能力的基础上，要进一步培养运动员的视觉选择能力。

（1）加强视野训练，提高眼睛余光的观察能力。篮球比赛瞬息万变，绝大多数情况下主要用眼睛余光来观察全场情况的变化，捕捉战机，及时应变，如观察运动员的面部表情、移动速度、方向、角度、节奏、球的落点，配合的路线，攻守特点等。所以要特别强调培养运动员用眼睛的余光来扩大视野，提高用余光观察的能力。在技术训练中，可用有助于扩大视野的技术动作来培养运动员的余光观察能力。如在练习运球技术时，要求运动员用余光照顾球或不看球，观察的重点是场上双方全面的攻守情况；在练习传接球技术时，可采用多人快速传接球（加防守）练习，要求用余光观察接球人及其被防守情况，接球后立即将球传出，并要求传球及时、准确到位。在两个技术动作以上的组合性技术衔接中，特别要注意观察能力的培养，这对提高运用技术的应变能力极为重要。如运球突破—传球或运球突破—急停跳投，要求运动员不仅要考虑自己的被防守情况，还要观察场上同伴的位置、移动及其被防守的情况，以便于及时、准确地做出判断。

（2）培养视觉选择力。视觉选择力是在全面观察的基础上，把视线集中在特别重要的位置、区域和队员身上的能力。培养篮球运动员的视觉选择力，就是要训练善于把场上其他队员的行动收入自己的视野范围内，并从中进行选择与分辨，以便正确决策行动。实践证明，篮球运动员在比赛中对攻守信息的获取是有先后顺序的。如抢到后场篮板球时，观察的一般规律是：先观察前场，再观察中场，最后观察后场这种依次"观察模式"；在突破和投篮时，要重点观察篮下的变化；抢篮板球时，要考虑投篮队员的距离，以及自己和篮圈所形成的角度、对方队员抢篮板球的组织特点和队员的位置等，但观察的重点是球的落点。在技术训练中，不断总结带有规律性的"观察模式"并组合成某种练习方法应用于教学训练之中，是培养运动员篮球意识的重要任务和有效方法。

2. 培养分析判断能力

通过技术动作的实战运用训练，可培养篮球运动员的分析判断与运用技术的应变能力。基本技术中的每个动作方法都有其特点、应用范围、条件及"规格"标准，在比赛中具有相对独特的战术价值。这些既是运动员在比赛中意识活动的物质基础，又是技术训练中培养运动员篮球意识的重要内容。

篮球比赛激烈多变，每个技术动作在运用方式上不可能一成不变，同一动作在不同时间、不同位置、不同条件下都可能千差万别。所以，要重视在技术动作个性训练中培养篮球意识，在对抗因素和对抗条件中培养篮球意识，在运用真假技术的变化中培养篮球意识。这就要求教练员对运动员在掌握正确动作"规格"的基础上，还要使技术动作具有对抗性、应变性和实效性，以简练适时的方式去解决临场的各种具体问题，通过技术动作的实战运用训练，可使运动员在掌握"规格"标准的技术动作基础上，进一步强化技术运用的特点、范围、条件及变化规律，为在比赛情况下合理地运用与应变技术、创新发展变异性个性绝招技术打下物质基础。同时，不断培养运动员在各种攻守具体情况下的分析判断和应变能力，积累技术运用与应变的实践经验，就能使运动员在篮球比赛中分析判断及时、准确，应变合理，运用有实效，达到在技术动作的运用训练中既掌握动作应变方法又培养应变意识的目的。

（二）在战术训练及比赛中培养篮球意识

在战术训练中培养篮球意识，应在单个战术配合训练时使队员了解战术的结构及配合的规律、方法、特点和每个战术位置上的职责、作用，提高战术变化的灵活性。

战术训练最重要的任务就是培养提高运动员个人和整体协同作战的战术行动能力，提高运动员整体竞技水平，而发展运动员的战术能力要以培养运动员的篮球意识为主。战术训练不仅是熟练一种或多种战术配合方法，更要重视培养战术素养，提高运动员的篮球意识。在比赛中，运动员的每一个行动都属于战术性的活动，有明显的战术目的。在与同伴的战术配合中，意识起着支配行动的作用，决定战术的实现。篮球意识的核心要素是战术思维能力，所以在战术训练阶段培养运动员的篮球意识，应主要发展运动员的战术思维能力。

篮球运动员在训练与比赛的思维决策中，一方面需要用已有的概念、原则、原理等理论知识去思维，形成理论思维；另一方面，篮球运动员意识活动时的思维决策又需要用从运动实践中获得的诸多经验知识去思维，进而形成经验思维。此外，篮球运动员在比赛中的战术行动是极其丰富繁杂的，在对抗状态下进行战术思维活动，常常要以经验的"直觉"方式进行思维决策，去解决自己面临的战术任务，即形成直觉思维。

篮球意识活动时思维类型不同，对运动员的思维决策起的作用也不相同。理论思维运用知识、概念等进行思维决策，在意识活动中主要从"宏观"的角度上发挥作用；"直觉思维"是在运动员对情况不明、时间紧迫和对抗激烈状态下解决小范围个人战术行动时发挥"随机应变"的作用。

为此，教练员对设计组织的每一种战术配合如何行动都要有一个基本的"标准模式"，并且用这个"标准模式"去衡量运动员的战术行为是否适当。运动员应在思维决策过程中以"标准模式"的思维语言方式进行活动。实际上，运动员接受教练员的指导和训练的过程，就是运动员在战术决策及行动方面向"标准模式"趋近的过程。

篮球比赛中攻守对抗情况瞬息万变，因而在不同的位置和不同的攻守对抗状态下的战术思维决策，应有不同的合理"思维模式"，随着情况和位置的变更，其战术思维决策的"思维模式"也在变更，进行思维决策的主导因素也是不相同的，即随着情况的改变，战术思维决策活动的主导因素主次作用是变化的，由其主次作用的变化形成思维决策活动过程的变化。在不同情况下，相应改变思维决策的主要因素和思维决策活动中的主次地位以及前后序列，不但可以"简化"战术思维决策活动过程，提高战术思维决策活动效率，而且能够使运动员在复杂的环境下尽快地获取自己所需要的战术决策信息并尽快地决策。对运动员来说，在平时训练中依照教练员的"思维模式"进行战术思维活动，是提高篮球意识的有效途径。这就要求教练员在篮球战术训练过程中，有计划、有步骤地将各种战术行动的"标准模式"以思维决策的形式传授给运动员，并通过比赛的反复磨炼和典型的战例分析，不断总结经验，就能不断提高运动员的篮球意识。总之，教练员在战术训练中要使运动员掌握不同战术运用时机、结构、特点、配合规律及变化，要明确战术位置分工职责与各位置的相互关系，要加强现代战术打法的针对性训练，选择典型战术应用演示，提高战术意识。而对抗训练与实战训练是形成正确战术意识的最主要途径。

（三）强化作风训练与培养篮球意识

拼搏对抗是现代篮球比赛的基本特点，因此，比赛中正确的行动需要以顽强的作风做保障。所以说，意识强、作风强、技巧强、体能强，才能队伍强、队员强，最后构成实力强。

篮球意识与良好比赛作风都是运动员头脑中必备的精神素质，是一个事物中的两个不同的侧面，既有区别又有密切联系。

我国篮球运动在20世纪50年代中期曾提出"积极主动、勇猛顽强、快速灵活、全面准确"十六字方针，它既是世界篮球运动发展特征的要求，也是我国篮球运动发展的经验总结，被认为是从我国篮球自身情况出发，在比赛作风、技术特点、战术风格上提出的发展方向，至今仍然符合世界篮球运动发展总趋势和我国篮球运动的自身情况。就"十六字方针"的实质来说，虽然内涵充实、丰富，提法有待进一步发展，但就整体而言，它既反映了我国篮球运动员具备的和将要培养的技术、战术特点，又深刻包含着篮球意识和良好作风的内容及它们之间的辩证关系。其中，"积极主动、勇猛顽强"就是指运动员必备的精神面貌和比赛作风，而"快速、灵活、全面、准确"则是指运动员要具备的篮球意识指导下表现出的技术特点和战术风格，从而构成了中国型的篮球运动。可见技术和战术的特点、风格和意识与作风是相辅相成的，运动员没有良好的作风，就不可能在比赛中体现出篮球意识，而没有篮球意识做指导，要想反映出良好的作风和最大限度地发挥技术、战术的作用也是不可能的。

当然，我们所要培养的运动员，并非鲁莽地蛮干，而是"智谋"与"勇敢"行为相结合。而"智谋"正来源于篮球意识，是篮球意识具体而生动的反映。思想作风好才能有政治观、责任观，为国争光；战斗作风好，才能敢于斗争，遇强不馁，遇弱不懈。

第二节 篮球队实施科学化管理

篮球队因其归属系统、性质、水平、级别层次的不同而各具特色，尤其是职业俱乐部球队更因其产业与商业化气息而具有全面差异，它们的最终目标不同，组合结构不同，成员在智力、能力、知识、性格等方面也大相径庭。为此，要实现一个球队的目标，重要的是挖掘每位成员的最大潜力，同时有意识、有组织地进行不间断的协调活动。另外，人们在群体中的相互作用是一个发展、变化的动态过程，每个人的技能、个性特征、训练水平虽有一定的稳定性，但不是固定不变的，也需要及时地调整。这些协调的综合活动就是篮球队的管理，反映的是整个教学训练过程中对运动员情况的具体管理。

一、篮球队管理的特点

从现代管理学角度看，管理的范围包括人、财、物、时间、信息，其中最主要的管理对象是人。篮球队的管理包括对运动员的训练管理、生活管理、学习管理和思想教育管理。运动员并不是孤立存在的，只有当他们在发展的环境中努力从内外两方面约束自己时才能不断完善自己，同时也为创造这种理想环境做出贡献。科学的管理可以充分调动每名运动员的积极性、主动性和创造性，将篮球队建设成一个团结战斗的集体。

随着篮球运动职业化与竞赛产业化进程的加快，篮球队的管理越来越受到人们的重视，加强管理力量、提高管理水平已成为我国加强篮球队的建设、赶超世界先进水平所必须解决的一个问题。篮球队的管理具有以下特点：

第一，篮球队的管理是以竞赛活动为中心的周期性行为。管理过程中的各个阶段（制订计划、组织实施、检查调整、做出总结），既有各自的独立性，又有紧密的连接性，它们之间互相联系、互相促进，并且按照篮球运动和管理学科的基本规律，依照一定的次序，连接成一个封闭的循环系统，即一个管理周期。

第二，管理周期的重复性。篮球队的管理不是随着某次比赛的结束而终结，恰恰是以它为起点。开始另一轮的管理，周而复始，不断进行。管理周期的重复出现，并非简单地重复，篮球队的整体情况可能会发生一定的，甚至重大的变化，如新老队员的交替、主力阵容的调整、比赛结果的作用等，管理者应根据实际情况，有效地调节管理活动。

第三，大量的管理活动渗透在实际的训练过程中，为训练工作的物质和精神两方面做保证。

第四，竞赛期间的管理工作有其特殊性，比赛过程中的生活管理和思想管理尤为突出。

第五，管理工作的效果要在比赛中体现，并得到社会的检验与认可。篮球队的技术和战术水平、比赛作风、文明程度等直接反映管理水平。

第六，篮球队的管理者，以领队、教练员或教练小组为主，其他专业人员为辅。教练员不仅要具有专业技术，还要掌握多种学科知识，具备较高的管理能力。

第七，篮球队的管理幅度（管辖人数）较大，所以管理的内容较多，是贯彻全面素质教育的重要管理过程。

二、篮球队管理班子的构成与要求

管理主体是指行使管理的权利者，其具体因素包括人和管理机构，它是现代管理的首要因素。对一支高水平的职业化篮球队而言，管理者包括俱乐部董事会及其领导，董事会以下的总经理和主教练、教练员、助理教练员、领队与辅助人员。通常情况下俱乐部球队是一个实体，日常工作由董事会领导下的经理组负责，而球队日常训练管理则以主教练为主要责任者，组成一个专门从事球队管理的班子，篮球运动队的特殊性对上述管理者也提出了相应的要求。

(一) 主教练与教练组成员

1. 主教练

任何一个球队都需要选择一位最为满意的主教练。主教练应具备以下素质，并负有相应的职责和权力。

（1）高尚的职业道德。一名出色的主教练，应当具备高度的政治责任心和敬业精神：热爱祖国，投身篮球运动事业；对运动员要出于爱心而谆谆地进行全面指导；对篮球专项业务知识需不断更新充实，形成包括体育生物科学和体育社会科学等大门类学科在内的合理智能结构；具备教学训练、组织管理、科学研究等能力和较高的科技素养。只有具备以上的基本素质，并在长期的实践工作中不断提高，才能成为一名称职的主教练。

（2）明确的专业职责。作为主教练，责任很大：制订球队的训练计划，决定球队的发展方向、球员的选拔和基本打法的战术阵势配合；对队员进行素质教育和各种技、战术的教授；确定比赛策略；等等。

（3）独特的篮球运动眼光和临场指挥艺术。这是主教练在实际的比赛中所应具备的素质，包括客观地分析彼我双方的实力；正确掌握比赛节奏，处理好攻守关系，灵活运用紧逼防守战术；控制犯规次数，重视拼抢篮板球，掌握暂停的主动权，合理地换人；保持心态的平衡和决策的果敢；充分发挥每名队员的潜力与特长；等等。

（4）良好的个性形象。主教练在长期的执教生活中，要逐步形成自己的个性和风格，如敬业奉献、惜才爱才、决策果断、沉着冷静、宽容大度等。

2. 教练员与助理教练员

教练员与助理教练员在篮球队伍管理工作中要互敬、互补，形成合理的结构。除了基本的职业道德和精良的篮球专业素养外，教练员和助理教练员还应具备以下素质。

（1）心理素质。作为辅助主教练管理球队的教练员和助理教练员，首先必须有当好助手的思想境界和积极主动的合作精神，不仅要与主教练精诚合作、互敬互助，而还要与运动员建立高尚的师生关系，既教又导，充分调动其积极性。其次是奉献精神。篮球教练员的职业最终是使受指导的球队在竞技场上比高低，为此，教练员要付出巨大的、艰苦的、细致的劳动，要承受压力和风险，这就要求做到任劳任怨、乐于奉献。不管是合作精神，还是奉献精神，都对教练员和助理教练员的心理素质提出了很高的要求，没有一定的心理承受力，没有健康的情绪和坚强的意志，是不可能做好本职工作的。

（2）知识素质。作为球队的指导者，教练员和助理教练员的一切活动均以"智"

为中心,这要求他们具备相当的知识素养,了解包括哲学、社会学、心理学在内的多种学科知识。

（3）能力素质。能力是指完成一定活动的本领,包括一定活动的基本方式以及顺利完成此活动所必需的心理特征。教练员和助理教练员应具备的能力素质有感知能力、表达能力、组织管理能力、控制协调能力、教育激励能力、决策指挥能力、社会交际能力和创新发展能力。在主教练因故不能履行职责时,教练员、助理教练员要能代替主教练行使管理权力。

（二）领队与辅助人员

篮球队的管理者还包括领队、医生、按摩师、统计员、翻译等辅助人员,按自己的职责行使相应的权利。

1. 领队

领队是与主教练密切配合并工作在运动训练第一线的管理者。在运动训练管理中,领队的主要职责是协助主教练做好思想政治工作,努力为教练员和运动员创造一个良好的工作、学习、生活环境。领队在工作中要妥善处理与主教练的工作关系,主教练在运动训练中处于主导地位,对球队的运动训练全面负责,因此,领队要注意尊重和支持主教练的工作。

2. 辅助人员

（1）随队医生。随队医生的主要职责是进行医务监督,负责安排好运动员的营养调理、疲劳消除和运动损伤的康复治疗。

（2）心理医生或心理咨询人员。目前,国外高水平球队大多配备心理医生或心理咨询人员,他们的主要职责是排除运动员在训练、比赛和生活中的心理障碍,调节运动员的心理活动强度,提高运动员的心理活动效率。因为心理创伤是不能简单地以思想工作或身体、技术、战术训练来代替的,所以,心理医生或心理咨询人员的作用,就在于确保运动员以最佳的心理状态投入训练和比赛。

三、篮球队的管理方法

篮球队的管理方法,因其运动水平层次和所属性质的不同而各具差异,但通常采用的主要方法有思想教育方法、行政管理方法、法律管理方法和经济管理方法。

（一）思想教育方法

篮球训练过程是一个贯彻全面素质教育的过程，而不单纯是练技术、战术和身体。篮球队管理的思想教育方法，实质上就是开展思想教育工作，帮助运动员树立远大的理想和坚定的信念，使球队的目标转变成每一位队员的具体目标，充分发挥每一位队员的内在精神动力，在全队形成一种良好的集体心理氛围和职业道德氛围。这对于建设一支有理想、有道德、有文化、有纪律、荣誉感强、勇攀高峰的优秀篮球队有着十分重要的意义。

1.思想教育方法的作用

（1）进行思想教育是培养高素质、高水平人才的需要，也是实现球队发展战略目标、顺利完成训练竞赛工作的重要方法。随着职业化进程的加快，思想教育的方法与内容要具有新意。

（2）进行思想教育是增强球队内部凝聚力的需要。现代管理学告诉我们，组织内部的凝聚力是组织存在和发展的重要因素，只有不断加强凝聚力，使每一名成员意识到自己身上的责任，自觉地、创造性地完成组织的各项任务，组织目标的实现才有了保证。

2.思想教育方法的特点

（1）疏导性。开展思想教育，必须动之以情、晓之以理，进而导之以行，启发运动员的自觉性。对思想上产生的种种问题采取回避或捂堵的做法是不对的，只有因势利导，才能达到教育的实效。

（2）灵活性。运动员的思想是复杂多变的，受多种因素的影响。不同的时期和不同的管理对象，其思想基础、性格类型、价值观念等也各不相同。因此，思想教育工作必须根据具体的实际情况来确定内容和重点、形式和手段，保持灵活性和针对性。

（3）预见性。教练员应把许多客观事物可能对队伍造成的影响预测在前，培养队员的自我防范能力，力求避免不良苗头的出现。

（二）行政管理方法

1.行政管理方法的概念

篮球队管理的行政方法，是指依靠球队的行政组织（主管行政职能部门、业务主管部门、该事会组织等），运用行政手段，通过自上而下的行政层次，进行组织、指挥和调核的管理方法。

行政管理方法的实质是通过行政组织的职务和责任来对球队进行管理，这种方法特别强调职责、制度和权限。

行政管理方法的结构是以上级发布指令、下级贯彻执行为基点所形成的一种由上而下的纵向结构。

行政管理方法的程序通常分为发布命令、贯彻实施、检查督促和调节处理四个步骤，并按行政管理层次进行。

行政管理方法的形式一般表现为命令、决议、指示、规定等各种行政性文件，这种文件集中体现了上级机构和领导者的意见与决策，它是下级管理部门进行工作的依据。

2.行政管理方法的作用和特点

（1）行政管理方法的作用。首先，是保证集中统一领导的重要手段。统一目标、统一行动，是球队完成一定任务的必要条件，也是分工协作的客观要求。而具有强制性、权威性的行政手段，对于实现统一指挥、统一行动有着十分重要的保证作用，为此要健全各种形式的管理机构设置和人员配置。其次，是迅速、有效调节球队行为的有力手段。当环境突然发生变化，球队需要做出迅速的反应和及时的调整时，采用令行禁止的行政方法，可以迅速地排除阻力，有效地解决问题。最后，是保证球队坚持正确政治方向、协调发展篮球事业不可缺少的手段。科学的行政方法对有力地贯彻国家的方针政策、实现篮球运动战略目标，都是极其重要的保证。

（2）行政管理方法的特点。

①权威性。运用行政手段进行管理，起主要作用的是权威性。行政方法的有效性以及所发指令的接受率，很大程度上取决于管理者的权威程度。因此，提高管理者的权威性（综合素质和专业才干）是运用行政手段进行管理的前提，也是提高行政方法有效性的基础。

由于具有权威性的特点，行政方法有利于发挥领导层的决策作用，便于管理层通过强有力的组织领导对球队进行有效的组织、指挥和调节。但这种权威性是建立在管理者个人的德、能、勤、绩、才、识和个性心理特征基础上的。

②强制性。行政方法是通过各种行政指令实施的，这些指令是管理者行使权力的标志，被管理者必须贯彻执行，由此形成行政方法鲜明的强制性特点。

制度是行政方法强制性特点的具体体现，它能把管理系统置于统一的目标、统一的意志和统一的行动之中，便于管理者进行集中管理。但是，制度不利于适当分权，容易出现统得过死的情况，尤其是当强制性程度增大却不被受管理者所理解时，会引发对抗性矛盾，造成管理效率低下的状况。所以领导者在制度建设中要注意发扬民主，关心队员。

③针对性。相对于其他方法而言，行政方法比较具体，因为不仅行政指令的内容和对象是具体的，而且在实施的具体方法上也会因对象、目的和时间的变化而有所不同。因此，任何行政指令都是在某一时间，针对某一对象的特定指令，具有明确的指向性和一定的时效性。

④层次性。行政方法是通过行政系统自上而下按一定层次实施的，因此，各种行政指令的下达，通常是垂直性的传递，表现出层次性特点。

（三）法律管理方法

1.法律管理方法的概念

篮球队管理的法律方法，是指以法律规范和具有法律规范性质的各种体育法规为手段调节篮球队内外关系的管理方法。它既包括国家正式颁布的法规，又包括各级政府机构和其他管理单位所制定的具有法律效力的各种体育规范，如《全国体育运动单项竞赛制度》和《运动员守则》等。此外，还有各职业俱乐部董事会制定和下达的内部法规、制度、要求等。管理者要强化法律意识，做到依法建队、以法育人。

作为管理手段，法律规范的结构主要包括三大部分：条件——任何法规都需要先明确自己的适用范围和条件；规范——规定人们享有的法律权利和需要承担的法律义务；制裁——指明若违反了法律规范，将承担何种后果，以及如何执行，如何进行制裁等。

2.法律管理方法的作用与特点

（1）法律管理方法的作用

首先，管理控制的有效手段。稳定和有序是任何一个管理系统存在和运动的基础，运用法律手段，可以把人们的行为和组织的活动有效地控制在正常秩序内。在篮球队的管理中，管理者可以通过《运动员守则》和《全国体育运动单项竞赛制度》对运动员的行为和竞赛进行有效的控制。其次，调节球队内外各种关系的准则。最后，促进篮球运动管理系统发展的重要动力。

（2）法律管理方法的特点

①规范性。规范是指人们的行为所必须遵守的一般规则，如体育法就是调整人们在体育运动中的关系的特殊行为规则。法律方法的规范性，集中体现在法律规范所规定的各种行为规则上，这些规则不仅明确规定人们在某种情况下可以做什么，应当做什么和不应当做什么，还可以成为评价人们行为的标准。

②法治性。法律规范代表着国家一级行政组织和社团组织的意志，具有鲜明的法治性，它以国家和大多数人的利益为基础，要求每个人都要遵守，具有无条件的强制性。

（四）经济管理方法

1. 经济管理方法的概念

经济管理方法是指运用经济手段，按照经济规律的要求，调节各种不同经济利益之间的关系，从而达到较高经济效益和社会效益的方法。随着篮球项目职业化进程的加快，竞赛被推向市场，俱乐部走向经济实体。在这种情况下，篮球队的管理方法更明显地起着一定的杠杆作用，其实质是从物质利益的角度处理球队内外的各种经济关系，把国家、集体、个人三者的利益正确地结合起来，利用物质动力调动各方面的积极性。

2. 经济管理方法的作用与特点

（1）经济管理方法的作用

①有利于提高经济效益。这是经济管理方法最主要的作用。我国体育管理的经济方法，贯彻社会主义物质利益原则，把体育工作的结果同集体、个人的经济利益联系起来，从经济利益上激发人们的责任心。它的突出作用在于能够有效地加强球队管理者的市场观点，鼓励他们尽量做到少花钱、多办事、办好事，不断提高篮球项目的社会效益，在此基础上，集体和个人的经济利益也得到一定的满足，从而调动广大体育工作者的积极性。

②有利于强化管理职能。具体表现为球队管理机构能够通过各种经济手段来控制和制约运动员的工作，将他们的经济利益与自身的职责挂起钩来，这样既便于管理机构顺利行使指挥、控制等职能，又能使下级对各种管理决策的接受率明显增大。同时运用经济方法进行管理的效果是由各种具体的经济指标反映出来的，因而特别有利于客观地检查管理效果。

③有利于适当分权。在篮球队管理中运用经济方法，其前提就是要给相关管理者以相应的自主权，如人权、物权、财权等。经济管理方法的适当分权与经济制约是相辅相成的。

（2）经济管理方法的特点

①间接性。经济管理方法是通过对各方面经济利益的调节来间接控制、干预球队和运动员的行为。物质奖励等经济管理方法的运用，并不能直接干预运动员的行为方式，而是通过对他们价值取向和行为的引导与激励，达到调动人们积极性、提高工作效率的目的。

②有偿性。运用经济管理方法，不仅要求组织之间的经济往来应根据等价交换原则实行有偿交换，而且在对个体的管理上十分强调训练、比赛成绩与获取报酬之间的

关系。因此，在篮球队的管理工作中运用经济方法，必须注意多种动力的综合运用，强化思想教育，使广大运动员围绕共同的目标团结奋斗。

③关联性。在篮球队管理中运用经济方法，不仅影响面广，涉及的因素多，而且每一种经济手段的变化都会引起球队内部多方面的连锁反应。因此，在管理中运用经济方法，应把握具体管理对象的特殊性质，注重对未来发展的预测，使经济管理方法发挥其应有的作用。同时，更为重要的是加强思想、组织管理，正确处理为国家、为集体做贡献与纯商品化的个人价值观念、雇佣观念之间的关系。

第三节 教练员进行科学化岗位培训

随着篮球运动的快速发展，篮球运动已成为我国乃至全世界人民群众热衷的一大球类运动，大众对我国竞技篮球的成绩也寄予了很高的期望,对技战术的要求越来越高，篮球教练员日益凸显出其重要性。教练员不仅是一个球队的组织者，更是这个球队的主导核心，其水平决定着运动员技术水平的形成、球队的输赢和发展，一个优秀的教练员不仅能带领球队赢取胜利，更能让训练方法和理念也与时俱进。

一、篮球教练员岗位培训的意义

现阶段我国篮球教练员多是专业队退役后转型成为教练员，从小在专业队封闭训练使得他们拥有更多的临场实战能力，而文化理论知识相对比较匮乏，这也是阻碍他们进行科研和科学训练的制定、执行的一个重要因素。

教练员岗位培训担负着提高教练员综合职业能力的重任，是提高教练员素质的一种重要形式。篮球教练员可通过定期接受岗位培训与同行交流执教心得，并且能够接触国内外先进的执教理念，为提高球队的水平打下基础。

二、篮球教练员岗位培训的等级分类

现代竞技运动的不断发展，不仅对运动员的竞技水平要求越来越高，对教练员执教水平的高低也日益重视，国家体育总局将篮球教练员岗位培训划分成初级、中级、高级三种等级，只有参加相应等级的岗位培训，考试合格者，才能取得相应等级的合格证书，才能具有上岗资格，并有资格进行下一等级的岗位培训。

初级岗位培训由全国各地区分别开展，并不统一培训。中级岗位培训要求参训人员除全国篮球队伍中可不需要具备初级职称直接进修岗培中级班证书的教练员外，全国其他篮球学校、体校等单位选派参加培训的教练员都必须具有初级职称以上，且需要申报中级职称。高级岗位培训要求参训人员必须参加过由中国篮球协会举办的岗培中级班学习，现为成年队、青年队、体校队的篮球教练员；中国篮球协会所属篮球学校和体育运动学校等单位具有中级职称以上，且需要报考高级职称的教练员；国家队退役运动员，现为成年队、青年队、体校篮球队的篮球教练员可直接参加高级班。

为了让学员更好地吸收、领悟中级班学习内容，要求取得中级证书后一年内不得参加高级班培训，一年的缓冲期可以让各位学员熟练掌握所学知识并运用到实践训练中，让理论更好地和实际相结合，在运用理论的过程中发现问题、找出不足、丰富自身经验，以便为参加高级培训做好基础准备。

除这三个等级外，我国按照"两年一次继培"的要求，每年还会定期召开继续培训班，要求参训人员为中国男子篮球职业联赛，中国女子篮球职业联赛，全国男子篮球联赛篮球队员所有主教练；持有岗培高级证书的中国篮球协会所属教练员（含体校教练）；高等院校中持有岗培高级证的教练；参加过上一年继续培训班学习的教练员可自愿参加。

三、完善篮球教练员高级岗位培训策略分析

（一）严格控制岗位培训晋级制度，提高教练员岗位培训的权威性

中国篮球协会制定晋级制度，是综合了大多数人的学习能力、接受能力、执行能力等一系列因素的考虑，培训本就是短期内、加强式的自我提升的一种方法，如不按照规定的晋级制度，自身可能就会出现听不懂、跟不上、学不透、做不好的情况，也违反了规定。

国家对于岗位培训初、中、高三级的晋级已有明确的制度规范，教练员要晋升上一个级别，都应参加相应级别的培训，各级、各地管理人员和参训人员都应严格遵守，不得允许和企图越级培训。为此，应从两方面加强管理：第一，中国篮球管理中心应加大管理力度，筛查报名人员是否符合培训条件，不符者应及时退回报名信息，严格按照规章制度办事；第二，报名人员或派送单位应先审查自身是否符合报名条件，不得隐瞒、谎报。

(二)调整培训时间,避开比赛期间,提高参训学员的积极性,增加培训人数

岗位培训中参训人数的多少标志着达到高级教练员水平的人数多少,也意味着国家运动项目的发展前景如何。我国篮球教练员岗位培训高级班的培训时间一般都在年中,是各队进入比赛期间的准备时期,而参加高级班的学员大都是一队的主教练,在备战期间都会把更多的精力和时间放在赛前准备上,所以每年培训中都会出现报名未到、迟到、早退、请假等情况。

为此,建议管理部门调整培训时间,尽量错开比赛时间,以便所有学员都能全身心地投入到培训学习中,既不会出现学习不连续,也能让教练员通过培训指导训练、指挥竞赛、管理队伍能力有所提高。除此之外,加大宣传,变"要我学"为"我要学",制定强有力的政策,给予规范与引导,促使教练员主动参加培训和教练员所在单位积极派送。

(三)基础理论授课内容难易程度应合理规划,实行"选修课"制度

岗位培训是短期、有针对性和实用性的培训。它的特点就是在短时间内吸收大量的新知识,所以会让人有种"时间紧、任务重"的感觉。因每个人的基础水平不同,对新知识的接受能力也有差异,尤其是在基础理论内容上,如生理类、生化类等。因此管理者和讲师在制定授课内容时应以多数人的接受能力为依据,避免出现内容过难而理解不了,或者太过简单而没有达到学习效果。

针对每位学员的需求不同,实行"选修课"制度,设置不同专题,在"必修课"完成基础之上,学员可自主选择感兴趣的专题,完成规定的专题,考核合格证给予相应证书。

(四)更新授课内容,聘请著名球队执教人员或管理人员加入讲师团队

加强教师队伍建设,也是确保教练员培训具有强大后劲的关键。必须将加强师资队伍建设的工作提到岗位培训工作的重要议事日程。从体育各界中挑选优秀人才,聘请著名球队的教练介绍他们的执教风格,建立一支既有丰富运动实践经验和训练方法,又有深厚理论基础,能将理论与实践密切结合起来的培训师资队伍或讲师团队。

（五）采用远程教学、自学等多种模式代替传统的集中面授的单一模式

现代网络的发达，许多学历教育都会依据自己不同的授课内容采用远程教学，这样既节省了人力、物力、财力，也不会占用太多个人时间。篮球岗位培训也可根据学习内容的差异性，适当选择利用网络教学，让学员在家就能参与培训。

参考文献

[1] 张驰. 高校篮球教学中训练新方法及体能训练策略 [J]. 体育风尚，2022(11)：77-79.

[2] 姜海斌. 高校篮球教学与训练的新方法探讨 [J]. 文体用品与科技，2022(3)：147-148.

[3] 李伟. 高校体育篮球教学中的投篮训练策略研究 [J]. 冰雪体育创新研究，2022(2)：122-124.

[4] 王斌虎. 游戏教学渗透到小学体育篮球训练策略探析 [J]. 智力，2021(33)：46-48.

[5] 张彦. 探究篮球教学与训练的新路径 [J]. 江西电力职业技术学院学报，2021，34(10)：36-37.

[6] 江勇. 高校篮球教学与训练中学生战术意识的培养 [J]. 新体育，2021(18)：42-44.

[7] 黎振华. 高校篮球教学与训练的新方法探讨 [J]. 文体用品与科技，2021(18)：9-10.

[8] 李静，陈硕. 多元化背景下高校现代篮球教学的实施策略与价值：评《篮球教学与训练》[J]. 热带作物学报，2021，42(6)：1832.

[9] 许庆兵. 高校篮球攻防技术教学与训练研究 [J]. 当代体育科技，2021，11(18)：139-141.

[10] 胡大伟. 高校篮球教学与训练方法探究 [J]. 体育视野，2021(12)：79-80.

[11] 孙远航. 高校篮球教学中训练新方法及体能训练策略初探 [J]. 冰雪体育创新研究，2021(2)：34-35.

[12] 王世清. 高中体育教学中篮球体能训练策略 [J]. 智力，2020(34)：21-22.

[13] 李明国. 高校篮球教学与训练的问题与改进策略 [J]. 体育视野，2020(11)：45-46.

[14] 裴永刚. 初中篮球教学中学生体能训练策略 [J]. 当代教研论丛，2020(11)：127.

[15] 罗源凯，廖志文.高校篮球教学中训练新方法及体能训练策略研究[J].田径，2020(10)：29-31.

[16] 鲍峰.高中体育教学中篮球体能训练策略选择[J].田径，2020(8)：35-36.

[17] 陈由相.初中篮球教学中学生体能训练策略[J].教育，2020(13)：12-13.

[18] 梁帅.篮球教学中进攻传球假动作技巧训练策略[J].安阳工学院学报，2020，19(2)：108-110.

[19] 张宝琨.高职院校篮球教学中平衡能力的训练策略与探讨[J].体育世界(学术版)，2019(10)：154+156.

[20] 张天宇.高校篮球教学中转向核心力量训练策略[J].体育风尚，2018(10)：62.

[21] 张英.体育教学中篮球训练策略探析[J].成才之路，2018(12)：93.

[22] 张福生.关于高校篮球教学与训练策略的研究分析[J].当代体育科技，2016，6(20)：26-27.

[23] 罗源凯，李美成.篮球教学中的基本功训练策略[J].运动，2016(1)：92-93.

[24] 张福顺.新时期高校篮球教学与训练的方法探讨[J].才智，2015(6)：52.

[25] 胡海栋.高中生篮球教学与训练策略探析[J].吉林教育，2013(23)：73-74.